渡辺 丘
Takashi Watanabe

ルポ アメリカの核戦力

——「核なき世界」はなぜ実現しないのか

岩波新書
1952

はじめに

一九四五年八月にアメリカ軍が広島と長崎に原爆を投下してから、アメリカとソ連の間で核軍拡競争が進み、世界の核弾頭の数は八六年にピークの約七万発に達した。冷戦が終結し、アメリカとロシアの間の核軍備管理条約が発効し、軍縮が進んだことなどで、その数は約一万三〇〇〇発まで減った。だが、その後、核弾頭数の削減は足踏みしている。

核大国のアメリカとロシア、急速な軍拡を進めている中国の対立は「新冷戦」と言われるほど深まっている。今、それぞれの国が「核兵器の近代化」を進め、保有する核兵器の数ではなく、一発ずつの「質」を競い合っている。核保有国が冷戦後、減らしてきた核兵器の役割が再び見直されるようになり、「核兵器の復権」とも呼ばれる時代が到来している。

「核の抑止力」とは、ある国が核兵器を使えば、相手国も核兵器で報復し、どちらも壊滅的なダメージを受けるため、核兵器は使えないという考え方のもとでバランスを保ってきたシステムだ。しかし、その抑止力を保つためには、核兵器の数や質が相手のそれを下回らないように、開発や適切な管理、更新を続けなければいけない。それが核兵器の近代化と言われるものだ。

世界一の軍事大国アメリカでは、「核兵器なき世界」を唱えたオバマ政権が、三〇年間で一兆ドル（二〇二二年一二月現在、約一四〇兆円）を投じる核兵器の近代化計画を始めた。「力の平和」を掲げたトランプ政権はこれを増額し、「使える核」として低出力の核兵器の開発に乗り出すなど、核軍拡を強めた。オバマ政権の理念を継承するバイデン政権は、核兵器への「過剰な支出」を減らす方針とされたが、何をどれほど見直すかは見通せない。日本を含む世界の安全保障への影響も大きい。

二〇二二年二月二四日、ウクライナに侵攻したロシアのプーチン大統領は「ロシアは世界最強の核大国の一つであり、我が国への攻撃が侵略者に悲惨な結果をもたらすことは疑いがない」と、核兵器の使用を示唆する発言をした。三日後には、核戦力を含む軍の抑止力を「特別態勢」に移すよう命じた。

北大西洋条約機構（NATO）の軍事介入を牽制するための「核の恫喝」とみられたが、実際に核兵器が使われる可能性は否定できないと、世界の専門家が警鐘を鳴らす。一九六二年のキューバ危機以来とも言われるほど、核戦争の脅威は高まっている。広島、長崎に続く「第三の被爆地」が出る恐れが現実のものとなっている。

スウェーデンのストックホルム国際平和研究所(SIPRI)は二〇二二年六月、「核兵器が使用されるリスクは冷戦の最盛期以来、どの時期よりも高くなった」と指摘した。公表した年次報告書で、「今後一〇年間で核兵器は増加が予想される」として、ロシアのウクライナ侵攻が続くなかで、冷戦後の核軍縮の傾向が終わるという兆しがあるとした。

プーチン大統領は二〇二二年九月、ウクライナ東部・南部の四州の併合を宣言した。戦局の劣勢が伝えられるなか、核兵器使用の懸念が急速に高まった。

東アジアでも核兵器をめぐる危機が高まっている。中国は、アメリカとロシアの核軍縮の枠組みに参加せずに核戦力を増強しており、アメリカや日本などは「不透明な核軍拡」と批判している。核弾頭数を二〇二〇年段階の二〇〇発から、二〇三〇年には一〇〇〇発と五倍に増やすと、アメリカ国防総省はみている。内陸部では、大陸間弾道ミサイル(ICBM)の地下サイロ(発射台)を新たに建設しているとみられている。北朝鮮も、核弾頭を搭載できる弾道ミサイルを相次いで発射している。

核兵器不拡散条約(NPT)は、アメリカ、ロシア、イギリス、フランス、中国の五カ国を核保有国と定め、核軍縮の交渉義務を課す一方、それ以外の国に核兵器が渡ることを禁じてきた。

しかし、条約の枠外で、インド、パキスタン、イスラエルは核武装し、北朝鮮は条約脱退を宣言した。イランの核開発などさらなる核拡散が懸念されている。

ウクライナ危機を受けて、世界では、核抑止力を重視する風潮が強まり、核軍縮・廃絶の機運はしぼみつつある。就任前に「核兵器なき世界」の目標を掲げたアメリカのバイデン政権は、核兵器による攻撃を受けない限り核兵器は使わないとする「先行不使用」の宣言を見送り、核政策を大幅に見直す可能性は低くなった。

軍事的に中立の姿勢だったロシアの隣国フィンランドとスウェーデンがＮＡＴＯに加盟を申請した。日本や韓国などアメリカの「核の傘」の下にいる非核保有国でも、核共有や核武装の議論が出ている。半世紀以上、核軍縮の礎であり続けたＮＰＴの再検討会議は二〇二二年八月、最終文書にロシアが反対し、前回二〇一五年に続いて二回連続で決裂した。

核保有国が、冷戦後三〇年経っても、人類を危険にさらし続ける核兵器による「抑止」にこだわるのはなぜか。核戦力は実際にどのように運用され、どんな課題を抱えているのか。核兵器を持つこと自体にリスクはないのか。核兵器の管理や製造の実態はどうか。

本書は核兵器の近代化を進める核大国アメリカの首都ワシントンに駐在した新聞記者が核戦

力の最前線を訪れ、現地部隊を直接取材したルポルタージュだ。核兵器の製造拠点だった場所を歩き、アメリカのヒバクシャたちと向き合った。オバマ、トランプ、バイデン各政権で核政策を担った政府や軍の高官ら五〇人以上への聞き取りもおこなった。

「核兵器のない世界」という理念を否定する国や人は少ないだろう。問題はそれをどう実現させるかだ。「核兵器がある世界」のリアルを取材し、その実態に迫り、議論の材料を提供できればと考えた。


私はワシントン駐在を終えた後、広島に転勤した。そこで実感したのは、核保有国が重視する核抑止の論理と、その対極にある日本の被爆地の核廃絶の願いとのギャップがあまりにも大きいことだ。

核兵器禁止条約は、核保有国が核軍縮というNPTの義務を「履行していない」という非核保有国の不満が高まったことで、発効につながった。しかし、日米両国では、核兵器について市民社会の受けとめが全く異なる。核兵器禁止条約の発効は、被爆地はもちろん、日本では歴史的な出来事として大きなニュースとなったが、核大国アメリカではほとんど報じられず、市民の間では知られていなかった。

二〇二二年六月にオーストリア・ウィーンで開かれた核兵器禁止条約の初めての締約国会議も、日本メディアは広島や長崎をはじめ数十人が取材に訪れ、世界のメディアの中で群を抜いて多かったが、アメリカではほとんど注目を集めなかった。核兵器には核兵器で対抗しようとする核保有国と、核廃絶を求める非核保有国の溝は深まるばかりだ。

国連トップのアントニオ・グテーレス事務総長は二〇二二年八月六日、広島市で開かれた平和記念式典に国連事務総長として一二年ぶりに出席し、次のように語った。

「新たな軍拡競争が加速している。世界の指導者たちは数千億ドルもの資金を費やして、兵器の備蓄を強化している。核保有国が、核戦争の可能性を認めることは、断じて許容できない。広島の恐怖を常に心に留め、核の脅威に対する唯一の解決策は、核兵器を一切持たないことだと認識しなければならない。ノーモア・ヒロシマ、ノーモア・ナガサキ」

核兵器は人間が扱うものである以上、人的なミスは排除できない。敵国が核弾頭を発射したという「誤警報」によって、報復攻撃に踏み切り大惨事に陥る寸前までいったことが過去にある。現代ではサイバー攻撃によって、誤警報や誤発射のリスクはさらに高まっている。核兵器をめぐる事故も枚挙にいとまがない。世界では戦後、二〇〇〇回以上の核実験がおこなわれ、各地でヒバクシャが生み出され、健康被害や環境汚染をもたらした。

何よりも核抑止力は、「核のボタン」を握る政治指導者が理性的で合理的な判断をするという前提で成立するものだが、ロシアのウクライナ侵攻はそのことの危うさを浮き彫りにした。核兵器の脅威が高まっている今、核兵器に依存し続けるアメリカの現状や課題を報告し、抑止力の実相を問う。

*本書にご登場いただいた方々の年齢、肩書などは、原則、取材当時のままとした。

*写真のうち、著者と上田潤の撮影のものは朝日新聞社提供。八ページ上、一二ページ、三六ページ、三八ページ、一二七ページは米軍提供。

アメリカの核戦力

目次

目　次

略語一覧

ALCM（Air-Launched Cruise Missile）　空中発射巡航ミサイル
A2／AD（Anti-Access/Area Denial）　接近阻止・領域拒否
CBO（Congressional Budget Office）　議会予算局
CORE（Consequences of Radiation Exposure）　NGOコア（放射線被曝がもたらすもの）
CSIS（Center for Strategic and International Studies）　戦略国際問題研究所
CTBT（Comprehensive Nuclear-Test-Ban Treaty）　包括的核実験禁止条約
EDD（Extended Deterrence Dialogue）　日米拡大抑止協議
FBI（Federal Bureau of Investigation）　連邦捜査局
GAO（Government Accountability Office）　政府監査院
GBSD（Ground Based Strategic Deterrent）　地上配備戦略抑止
GHQ（General Headquarters）　連合国軍総司令部
ICAN（International Campaign to Abolish Nuclear Weapons）　核兵器廃絶国際キャンペーン
ICBM（Intercontinental Ballistic Missile）　大陸間弾道ミサイル
INF（Intermediate-Range Nuclear Forces）　中距離核戦力

略語一覧

LOW（Launch on Warning）　警報即発射
LRSO（Long-Range Stand Off）　長距離巡航ミサイル
MD（Missile Defense）　ミサイル防衛
MIRV（Multiple Independently Targetable Reentry Vehicle）　複数個別誘導再突入体
NATO（North Atlantic Treaty Organization）　北大西洋条約機構
NPR（Nuclear Posture Review）　核態勢見直し
NPT（Treaty on the Non-Proliferation of Nuclear Weapons）　核兵器不拡散条約
SIPRI（Stockholm International Peace Research Institute）　ストックホルム国際平和研究所
SLBM（Submarine Launched Ballistic Missile）　潜水艦発射弾道ミサイル
SLCM（Sea-Launched Cruise Missile）　海洋発射巡航ミサイル
START2（Strategic Arms Reduction Treaty II）　第二次戦略兵器削減条約
新START（New Strategic Arms Reduction Treaty）　新戦略兵器削減条約
STRATCOM（Strategic Command）　戦略軍司令部
TLAM-N（Tomahawk Land Attack Missile-Nuclear）　核弾頭搭載型巡航ミサイル・トマホーク

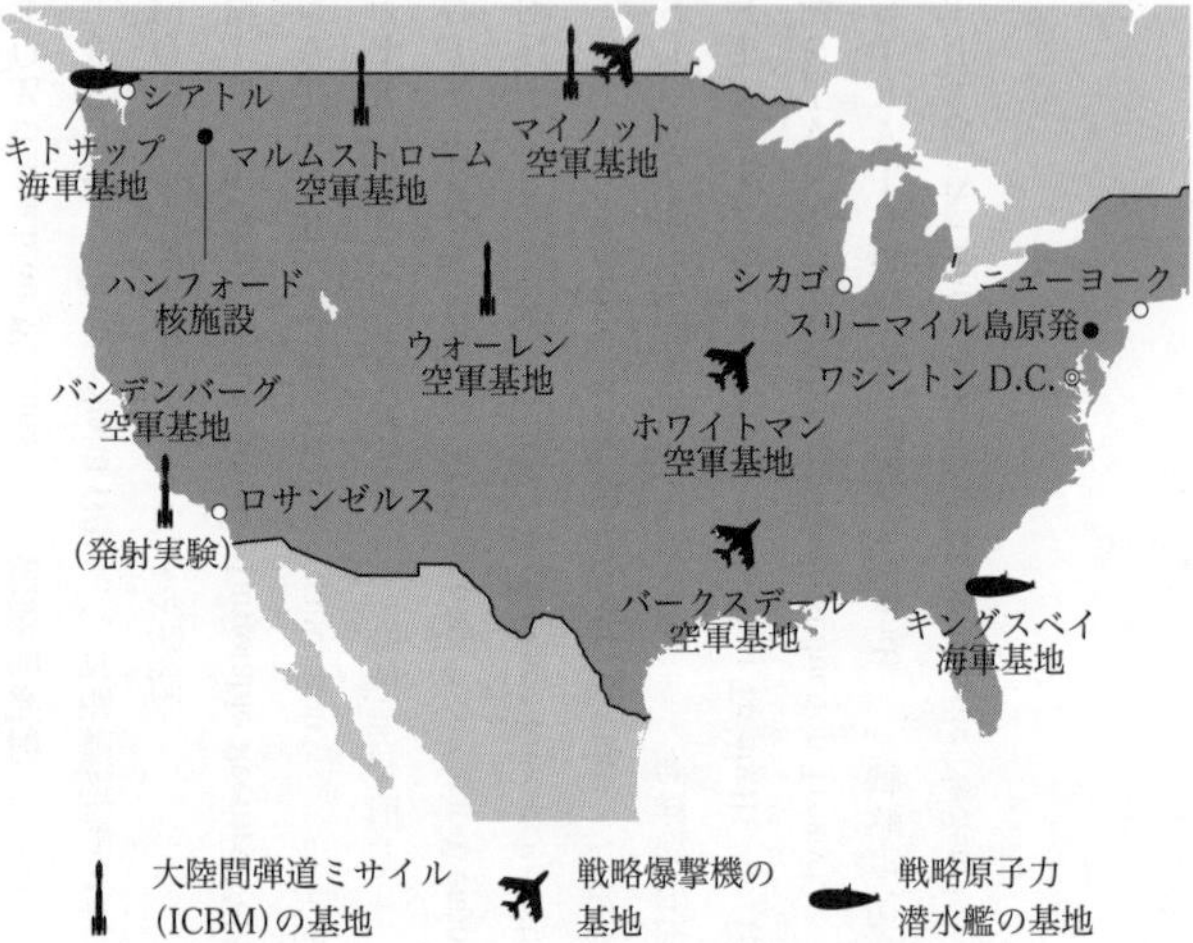

アメリカの核戦力「3本柱」の拠点と関連施設
(朝日新聞デジタル2021年5月24日をもとに作成)

第 1 章

そのときを待つ ICBM

――核戦力の3本柱　その1――

アメリカ西部モンタナ州グレートフォールズ近郊の大陸間弾道ミサイル(ICBM)の発射施設．幹線道路からわずか 100 メートルほどに位置する(2021 年 2 月 16 日，米空軍ヘリから著者撮影)

二〇二一年二月中旬。一面雪に覆われた真冬の大平原を野生の鹿が駆け、雪化粧の山々を遠くに望む。ミズーリ川は凍り付いている。アメリカ西部モンタナ州にあるマルムストローム空軍基地を軍のヘリコプターで飛び立って約二〇分。雪原に金網のフェンスで囲まれた一画が見えてきた。空軍兵士が機内の無線で「あれが大陸間弾道ミサイル（ＩＣＢＭ）の発射施設だ」と言うのが聞こえた。

アメリカの核戦力の三本柱（トライアド）は、ＩＣＢＭ、戦略爆撃機、潜水艦発射弾道ミサイル（ＳＬＢＭ）だ。

これらは射程が長く、敵本土を攻撃し、戦争をできなくするための「戦略核」と位置づけられる。射程や威力が限定的で、戦場での使用が想定されているのが「戦術核」だ。

私は、それらが配備されている現場の取材許可を求めて二〇二〇年後半からアメリカ軍と交渉を続けてきた。首都ワシントンで核政策を取材するなか、秘密のベールに包まれた三本の核戦力の現場をこの目で確かめたかった。

交渉は時間がかかると思われたが、年明け、アメリカ軍からメールで思いがけない回答が届いた。「取材を受け入れる」――。軍と細部を詰め、ようやく機密施設に立ち入る特別な許可を得た。

モンタナ州グレートフォールズのマルムストローム空軍基地の司令部(2021年2月16日，米空軍ヘリから著者撮影)

当時、アメリカ国内は新型コロナウイルスが猛威をふるい、死者数は世界最悪だった。私は一緒に国防総省を担当していた朝日新聞アメリカ総局スタッフのピーター・ローイとともに、二重にマスクを重ねて飛行機に乗り、モンタナ州に向かった。

マルムストローム空軍基地に到着すると、軍のPCR検査を受け、三日ほど基地内の宿泊施設に泊まった。外の気温は零下二〇℃から三〇℃と、体験したことのない寒さだった。毛糸の帽子をかぶり、厚手の防寒具に身を包んでも、顔が外気に触れて、痛いと感じるほどだった。私たちは軍のスーパーやファストフード店で食事を買ったり、ICBM部隊の歴史を紹介するミュージアムを見学したりしたほかは、宿泊施設内で過ごした。

PCR検査の結果が「陰性」とわかり、いよいよICBMの発射施設を見学するため、マルムストローム空軍基地の滑走路から軍用ヘリに乗ったのだった。

農村地帯の地下に六〇年、息を潜める核ミサイル

この日は快晴に恵まれたが、それでも気温は零下一〇℃程度だった。基地を飛び立って二〇分後、ICBMの発射施設が見えてきた。それは横五〇メートル、奥行き七〇メートル、高さ二・五メートルほどのフェンスに囲まれた一画にあった。牛を飼う農家が点在するのどかな農村地帯の地下に、広島に投下された原爆の約二〇倍の威力をもつ核兵器が息を潜める。一九六二年のキューバ危機のころから、一帯に配備され続けている。

発射施設の場所は、あまりにも場違いな気がした。敵の標的になりえる施設なのに、幹線道路からわずか一〇〇メートルほどで、人家も近い。その所在地自体は、軍事上の秘密というわけでもなく、人々の知るところとなっていた。

その理由は大きく二つある。一つ目は、国が買収した土地だけでなく、借地もあるため、隠し通せるものではないということだ。アメリカの市民に、その場所は知られていた。

二つ目は、アメリカとロシアの間の新戦略兵器削減条約(新ＳＴＡＲＴ)に基づく査察が年に数回おこなわれていることがある。ロシアの査察官に発射施設のリストや地図が渡され、査察官が訪問する施設を決めるという。

これは、米ロ間で取り組んできた核戦力の透明化に向けた信頼醸成措置の一環だ。アメリカ空軍のＩＣＢＭ部隊幹部は査察について、「アメリカ軍の使用手順や任務内容を理解させることで、悲劇的な結末を招く誤解や誤信を防ぎたい」と説明する。

別のアメリカ軍関係者は、発射施設の「弱点」を直接的にこう語った。「発射施設の場所はグーグルでだって調べられる。冷戦期からソ連は何度も調査を重ねてきた。アメリカがソ連にしてきたのと同じように。ロシアが我々の施設を標的にしていることは間違いない」

私たちが訪れた日、発射施設の入り口には自動小銃を持った警備兵がいた。私は事前に訪問許可を得ていたが、厳重な身分確認がおこなわれ、携帯電話やカメラなど電子機器の持ち込みは厳禁だった。軍のカメラを使った撮影だけが認められた。

「許可のない立ち入り禁止。(立ち入れば)殺傷能力のある銃器の使用が認められる」「ドローンの飛行禁止」。フェンスには外部にこう警告する看板も掲げられていた。

発射施設の地下には、世界に壊滅的な打撃を与える核兵器が配備されているが、驚いたことに、この場所は普段、メンテナンスなどのときを除いて、基本的に無人だという。施設にはセンサーが設置されており、野生動物や大雪、暴風などによる影響で警報が出れば、ミサイル発射を遠隔でコントロールする数キロ先の「ミサイル発射管理センター」に常駐する警備兵が出動する。

三〇分ほどかけて必要な身分確認が終わり、私たちは発射施設の入り口で軍から注意事項を説明された。「何か危険を察知したら、すぐに報告するように。緊急事態には、施設から風上に七五〇メートル離れて」との指示を受けた。

施設内の巨大なコンクリートの地面にあけられたマンホールのような直径一・五メートルほどの円形の穴があった。深さ約二七メートルの地下サイロ(発射台)への入り口だ。そこから、鉄のはしごを伝って、地下に下りていった。外は目を開けているだけで痛いくらいの寒さだが、サイロ内の空気は不気味に生暖かい。固体燃料を使ったミサイルの保管に適した気温一五〜二七℃に保たれているためだ。

はしごは地下サイロの中ほどの円形の空間に通じていた。壁に「単独行動禁止。二人ルール義務」と書かれた標識が見え、中央に直径約三・六メートルの頑強な金属製の円筒があった。この中で、高さ約一八メートル、直径約一・七メートル、重さ約三六トンのＩＣＢＭ「ミニッ

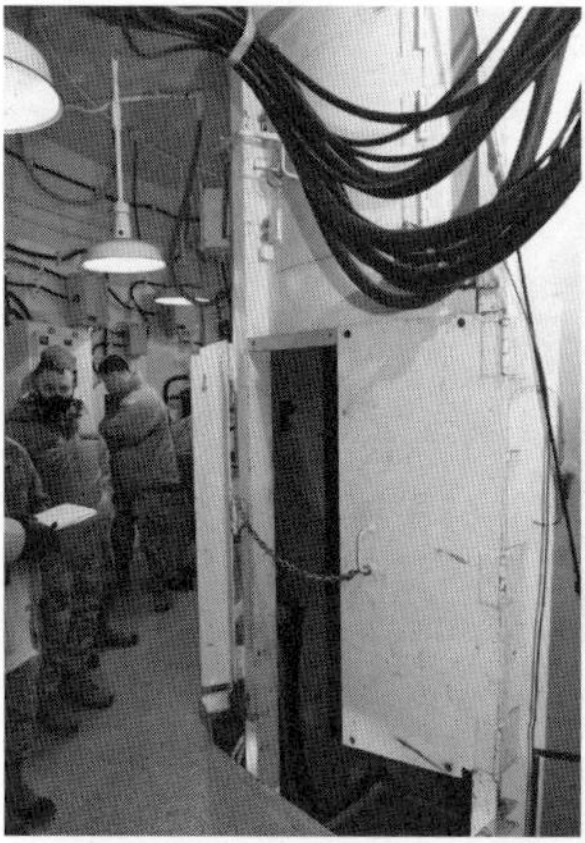 

右：グレートフォールズ近郊のICBMの発射施設の地下サイロへの入り口(2021年2月16日，著者撮影)
左：地下サイロの内部．金属製の円筒(中央)内に核弾頭を搭載したミサイルが格納される(2021年2月16日，著者撮影)

トマン3」一基が静かに「そのとき」に備える。

この日、そのミサイルは整備中だったが、翌日、マルムストローム基地内の奥まった場所にある地上の整備施設を車で訪れ、実物を間近で見た。

整備施設はプレハブ小屋のような外観で、基地内の雪原の中にひっそりとたたずんでいた。奥行き約五〇メートル、幅約一五メートル、天井の高さ約八メートルほどの広さがある。

「U.S. AIR FORCE」(米空軍)と表記された巨大な白いトレーラーの荷台の上に、外面が濃い緑色の円筒形のものが寝かせて置かれているのが目に飛びこんできた。それが

ICBMだった。ランディ・バーティス上級曹長（三八）は「ミサイルに絶対に触るな。緊急事態が起きたら、すぐにこの場から離れろ。風上に一二〇〇メートル以上だ」と言った。

バーティス上級曹長ら整備担当者の説明によると、ほとんどのミサイルは一九七〇年代に製

上：マルムストローム空軍基地内の整備施設で，巨大トレーラーの荷台に納められた緑色のICBM（2021年2月17日，米空軍のエライジャ・バンザント氏撮影）
下：マルムストローム空軍基地内の整備施設で，ICBMを載せる米空軍の巨大トレーラー（2021年2月17日，著者撮影）

造された。ミサイルごとにシリアルナンバーが付され、このミサイルには一九七二年製造であることを示す「１９７２」の文字がある。

整備施設の内部も、固体燃料を使ったミサイルの保管に適した気温に保たれていた。「気温が適切に保たれていなければ、固体燃料に悪影響が及んでしまう。二四時間態勢で監視している」と、別の担当者は言った。

ミサイルを載せたトレーラーの隣には、よく似た形の別のトレーラーがあった。前者は全長一六メートル、後者は二一メートル。ミサイルの整備が終わると、別のトレーラーに移し、発射施設まで運び、再び地下に格納する。

空軍の担当者によると、核弾頭はミサイルから取り外し、それぞれ別々に輸送や整備をおこなっている。マルムストローム基地を含む、ＩＣＢＭの拠点はいずれも強い吹雪になりやすい地域にあり、輸送は容易ではない。気象条件を二四時間チェックし、タイミングを計算しているという。整備は電気系統から安全装置まで多岐にわたり、その頻度については「定期的に実施している」という回答だった。

ミサイルの重量は三〇トン以上にもなり、ミサイルを荷台に載せたトレーラーの重さは全体で七〇トンを超えるという。ダスティン・プレモ三等軍曹（二五）は「運んでいるときは、ミサイルの重さで自分の体が揺さぶられているように感じる」と話す。輸送には民間の危険物取扱いと同等の資格が必要という。

私が見た緑色のミサイルに核弾頭は搭載されていなかったが、実物を目の当たりにし、全身に強い緊張感を覚えた。この一発のミサイルがもしも大都市を目がけて発射されるようなことがあれば、何十万人もの命が奪われる恐れがある。

広島、長崎に原爆が投下され、人類が核兵器の時代に入って七七年経った。だが今も、核保有国は手放そうとせず、さらに新型兵器への更新を進め、抑止力を競い合っている現実を肌で実感した。

核ミサイル発射の手順

アメリカ軍の核戦力の柱の一つであるICBMは、私が訪れたモンタナ州のマルムストローム空軍基地を含め、近隣三州の基地を拠点に計四五〇カ所の発射施設がある。うち四〇〇カ所の発射施設にICBMが格納され、ICBM一基につき一発ずつ核弾頭が搭載されている。周辺一〇基のミサイル発射の最終コントロールを担うのが、全米に四五カ所ある「ミサイル発射管理センター」だ。

私はＩＣＢＭ発射施設から数キロの距離にある発射管理センターを、軍のヘリ内から低空飛行で目視した。上空を旋回している間、発射施設と同じくらいの数十メートル四方の広さの敷地内に鉄塔と、外観がクリーム色の簡素な平屋建ての施設が見えた。

グレートフォールズ近郊のICBMの発射管理センター．ICBMの発射施設から数キロの距離にある（2021年2月16日，米空軍ヘリから著者撮影）

発射管理センターの中枢は、施設のエレベーターで地下一八メートルまで降りた場所にある。カプセル状の密室で、核爆発にも耐えられる頑強な構造になっている。「生物・化学兵器による攻撃を受けても身を守ることができる、完全に外部と遮断された環境だ」と空軍兵士は語る。そこで「ミサイラー」と呼ばれる兵士が二人一組、二四時間交代で「臨戦態勢」を敷く。爆発が起きても残存できるよう、発射施設同士の距離は五キロ以上離れている。

この日、発射管理センター内部への訪問は認められなかったが、センターをそっくり再現したマルムストローム基地司令部内の訓練施設に入り、ミサイルの発

マルムストローム空軍基地内のミサイル発射管理センターを模した訓練施設で発射手順を確認する「ミサイラー」と呼ばれる兵士．学校を卒業して間もない若者らが２人１組で任務にあたる（2021年２月16日，エライジャ・バンザント氏撮影）

射手順を見せてもらった。

分厚い扉は、専用のカードをあて、暗証番号を入力しなければ開かず、電子機器の持ち込みは禁止だった。幅三メートル、奥行き一〇メートルほどのカプセルのような狭い室内には、アナログのモニター画面が並び、一つは発射指示などのメッセージを受信し、もう一つにはミサイルの状態が表示されていた。表示されていたミサイルは、管轄する周辺一〇基を含む計五〇基。「一カ所の発射管理センターが正常に機能しない場合も、他のセンターでミサイル発射施設を監視している。常に余剰性を持たせている」と空軍兵士は話す。

左側の指揮官席と右側の副指揮官席に、二四歳の男女の中尉二人が並んで座っていた。「今から見せる訓練は、私たちの任務に欠かせないものだ」と兵士は言った。

大統領が核兵器の使用を命じると、アメリカ軍の核戦力を統括する戦略軍司令部（STRATCOM、ネブラスカ州）を通じて発射が指示される。「戦略軍司令部からミサイル発射管理センターに直接指示が下される。中間の立場にあるICBM部隊の上官は意思決定に加わらない」（部隊指揮官）。アメリカではいつでも、大統領が核兵器の発射命令を出せる仕組みになっており、一度決定が下されれば、この若者たちがすぐに命令に従い、発射しなければならない。

ミサイラーの席の近くにある灰色の箱にミサイル発射用の鍵二本と、発射指示が本物かを判断する暗証番号が入っていた。本物か確認できなければ、ミサイルは発射できない。他の発射管理センターが疑義を持った場合は、発射を止めることも可能だという。

ミサイラーは、この鍵を「発射スイッチ」と書かれた二カ所の鍵穴に差し込む。「3、2、1」のカウントダウン後、同時に右へ九〇度回すと、「発射進行」と表示され、室内にいた他の兵士から拍手が起こった。

キーボードに「WAR PLAN」（戦争計画）というボタンがあった。「これは何か」と尋ねると、兵士は「ただそこにあるだけだ。普段は使わない」と答えた。答えをはぐらかしたかと一瞬思ったが、実際のところ、冷戦期からそこにあり続けるボタンの意味を若いミサイラーはよく知らないのかもしれない。

冷戦時代、旧ソ連とにらみ合い、「核の先制攻撃」に備えた地下サイロや管理センターは、今も当時とほとんど変わらない。驚いたことに、フロッピーディスクが今も使われていた。空軍兵士は「クラウドに情報を入れるより、（フロッピーディスクは）敵のハッキングに強い。我々はテクノロジーの暗黒時代に生きており、古い技術にも利点がある」という見方を示した。ただ、本当にそうなのかは私には半信半疑だった。

ミサイラーの素顔

訓練に立ち会ったミサイラーの一人、サラ・マクギニスチャップマン大尉（二七）は母が沖縄県出身の日系で、アメリカ兵の父の仕事の関係で嘉手納《かでな》基地に住んでいたことがあると自己紹介した。隣接するノースダコタ州のマイノット空軍基地から、現在のマルムストローム空軍基地に移り、ミサイラー歴は通算六年になる。

大尉は「空軍に入ったとき、核のミサイラーは第一志望ではなかった。『トップシークレット』の仕事で、何をやるのかもわからなかったから。この仕事は空軍の中でもミステリーとされている」と言った。

ミサイラーの仕事とはどのようなものか。地下にミサイル発射管理センターがある施設に一

マルムストローム空軍基地で，記者の取材に答える27歳のICBMミサイラー，サラ・マクギニスチャップマン大尉．「ミサイラーの仕事は空軍の中でもミステリーとされている．家族とはしばらく離れ，太陽を見ることもない．精神的な負担は大きい」と語る．母が沖縄県出身の日系だという．肩章に「ICBM」とあった（2021年2月16日，著者撮影）

度入ると、一週間はそこにこもる。カプセル状の密室に二人一組、二四時間交代で「臨戦態勢」を敷くのは前述の通りだ。機密の塊ともいえるセンター内で、実任務中は携帯電話の使用は禁じられている。無線ＬＡＮも当然ない。

施設には責任者のマネジャーの下に、管轄するミサイル発射施設を守る警備兵六人以上、料理人一人、それにミサイラー数人が配置されている。地下の発射管理センターにはトイレや洗面所、電子レンジ、コーヒーポットはあるが、窓がない密室でシャワーはない。簡易ベッドがあり、二人のうち一人が仮眠はとれるが、必要があればたたき起こされる。

大尉は「家族としばらく離れ、太陽を見ることもない。精神的な負担は大きい。密室で二四時間、性別や、人種・民族的なバックグラウンドが異なる人、なかには耐えがたい性格の人や、政治的な考え方が違う人もいるが、そういう人ともペアを組まなければいけない。孤独な環境で、人間関係が濃密な組織なので、互いに相手を好きにならなくてもいいが、尊重し、理解する必要はある」と、特殊な仕事の苦労を正直に語ってくれた。

一週間の当番を終えると、二週間の非番があり、そのローテーションを繰り返す。仕事の内容は家族にも話せず、スノーボードなどで息抜きするのだという。核兵器を扱うミサイラーには、学校を出て間もない若者も多かった。そんな彼ら彼女たちは再三、「ストレス」という言葉を口にした。

発射管理センターは管轄する周辺一〇基のＩＣＢＭミサイルが二四時間態勢で有事に即応できるように維持・管理にも努めなければならない。ミサイル発射施設のセンサーに反応がないか常に目を光らせ、少しでも異常が見られれば、整備の専門部隊と協力し、すぐに問題を突き止め、解決しなければいけない。

心身に不調を抱えた隊員が核兵器を扱うことはないのか。六カ月の訓練を経て、マルムストローム空軍基地に配属されて一年半になるマイケル・コービン中尉(二四)は、「発射プロセスは簡単ではない。核兵器に関わる隊員には、精神や身体の状態が正常かをチェックされるプログラムがある」と話した。

「Personnel Reliability Program」(核兵器関係要員信頼性維持プログラム)は冷戦期の一九六〇年代に

国防総省に導入された。アメリカの政府機関を監視する政府監査院（ＧＡＯ）によると、核兵器に関わる要員は、①個人の適格性調査、②身体、医学的、精神的な姿勢について評価するスクリーニングを実施し、必要に応じて③面接もおこなったうえで、④公式な認証プロセスに入る。「信頼性に欠ける人物が、核兵器を扱うことを防ぐ」ため、継続的に要員の適性チェックをおこなう。それでも、ＧＡＯの報告書では、隊員が任務中に自殺したといった問題事例が挙げられており、調査の徹底などプログラムの改善を求めている。

日系のマクギニスチャップマン大尉に取材しているとき、ふと複雑な思いがあるのではないかという疑問が頭をよぎった。「広島、長崎の原爆投下の歴史もあるが、核兵器を扱うことをどう思うか？」と聞いた。だが、大尉の答えはアメリカ軍人のお手本のようなものだった。「核兵器をめぐって、さまざまな議論があることは知っているが、アメリカと同盟国の安全を守るために必要な兵器だ。影響力の大きさを理解し、常に真剣に任務に臨んでいる」

ＩＣＢＭ部隊の指揮官に問う「抑止」

マルムストローム基地の司令部施設で、ＩＣＢＭ部隊を統括する第三四一ミサイル航空団司令官のヒューゲート・オパーマン大佐とも対面した。オパーマン大佐は、自分から「アメリカの核戦力の三本柱のうち、ＩＣＢＭは本当に必要なのか？　冷戦思考を引きずった時代遅れの兵器ではないのか？　そんな議論を聞いたことがあるでしょう」と私に水を向けると、「ＩＣＢＭがある抑止力」(Deterrence with ICBMs)というタイトルがついたアメリカの地図を見せてくれた。

そこには、ＩＣＢＭの拠点であるマルムストローム(モンタナ州)、ウォーレン(ワイオミング州)の各空軍基地のほか、ＩＣＢＭと戦略爆撃機の両方の部隊が配備されたマイノット空軍基地(ノースダコタ州)、戦略爆撃機のバークスデール(ルイジアナ州)、ホワイトマン(ミズーリ州)の各空軍基地、戦略原子力潜水艦のキトサップ(ワシントン州)、キングスベイ(ジョージア州)の各海軍基地のほか、太平洋と大西洋で航行中の戦略原潜の絵が描かれていた。

オパーマン大佐は、「敵が核兵器を使って先制攻撃をしようとすれば、アメリカの戦略核約五〇〇カ所を標的に攻撃しなければならない。そうしなければ反撃を受けてしまう。敵にとって先制攻撃は、ハイコスト・ローリターンだ」と語った。ＩＣＢＭは配備場所が分散しており、敵の攻撃を難しくしているという意味だった。

続けて、「ＩＣＢＭがない抑止力」(Deterrence without ICBMs)というタイトルの別のアメリカの地図を示して、こう言った。「ＩＣＢＭの発射施設は四五〇カ所もあるから、ＩＣＢＭがなければ攻撃はずっと容易になってしまう。敵にとって先制攻撃は、ローリスク・ハイリターンになる」と力を込めた。

さらに、ICBMのような戦略核ミサイルは、敵の核ミサイル発射を探知すると、着弾する前に報復攻撃として発射される。これは「警報即発射」(LOW)態勢と呼ばれている。「ICBMは必要となれば、アメリカにとって(敵の核攻撃による被害を受ける前に)先制攻撃の選択肢になるのだ。アメリカは常に報復できる態勢にあり、アメリカや同盟国の弱みにつけ込めるタイミングなどないことを敵にわからせる。ICBMは、日本のような太平洋の同盟国、北大西洋条約機構(NATO)の同盟国を守るために必要だ。核戦力の三本柱が一本柱、二本柱になってしまったら、数だけでなく、他の弱点を補い合う利点を失ってしまう」と大佐は強調した(ただし、LOWについては、誤警報のリスクなども指摘されており、後段や第6章で紹介する)。

老朽化するICBM

一方、オパーマン大佐が何度も口にしたのは、「核ミサイルも、発射に関わる施設も老朽化している」という現実だった。オパーマン大佐は「ミサイルがいつでも、適切に発射できるか確証を持ち続ける必要がある。このため、ふだんは整備部隊の役割が重要だ。弾頭やミサイル、

「核兵器を使えば，非常に悪い日を迎えることになる」としつつ，老朽化するICBMのメンテナンスや発射実験で「安全性と抑止力を保ち続ける必要がある」と語る，第341ミサイル航空団司令官のヒューゲート・オパーマン大佐（2021年2月16日，著者撮影）

部品に問題や欠陥があれば、すぐに取り換えたり修理したりする。それから定期的にミサイルをランダムに選び、バンデンバーグ空軍基地（カリフォルニア州）まで輸送し、模擬の弾頭をつけて太平洋のマーシャル諸島に向けて発射実験をおこなう」と説明する（バンデンバーグ基地での発射実験の様子は第5章に詳述する）。

マルムストローム空軍基地の要員は、兵士約三三〇〇人、軍属約六五〇人を中心に計約四〇〇〇人。このうち三〇〇人余りからなるＩＣＢＭ部隊・第三四一ミサイル航空団司令官のオパーマン大佐によると、警備関連が約一四〇〇人と最大勢力だ。「警備要員の多くはミサイル発射管理センターに配置され、管轄するミサイル発射施設で警報が鳴ったり、何らかの心配があったりすれば、すぐに現場に出動して問題に対処し、整備の支援も担う」という。二〇〇一年九月一一日の米同時多発テロ以降、核テロの脅威が高まったこともあり、核兵器の安全管理に神経をとがらせていることがうかがえる。

自身も一九九五年からミサイラーの仕事をしてきたというオパーマン大佐にも、「ミサイラーとして核兵器を扱うことに、どのような気持ちを抱くか」と聞いた。

「核兵器を使えば、非常に悪い日を迎えることになる。第一線の兵士は二〇代の若者が中心で、初めて部隊に配属された者も多いが、これはビデオゲームではなく、大変な責任を伴う現実だと誰もが認識している」。そして、こう続けた。「我々のＩＣＢＭは老朽化し、定期的なメンテナンスや発射実験が欠かせない。核兵器の近代化計画で、将来更新されると思うが、敵はそれまで待ってくれない。安全性と抑止力を保ち続ける責任がある」

隣接するワイオミング州のウォーレン空軍基地で、第二〇空軍司令官を務めるマイケル・ラットン少将も取材に対し、「ＩＣＢＭは半世紀も更新していなかったから、部品交換さえも難しくなりつつある。これから五年、一〇年でもっと難しくなる」と言った。「ロシアや中国、北朝鮮は核兵器の能力を大幅に向上させている。アメリカにとっても同盟国にとっても不確実な時代にあり、課題を解決するためには近代化が不可欠だ」と訴えた。

兵器更新の特需、地元期待

ＩＣＢＭを運用するマルムストローム空軍基地があるモンタナ州グレートフォールズ市では、

核兵器の近代化計画による「特需」への期待が高まっていた。

車を走らせると、巨大な基地があるほかは、幹線道路沿いにチェーンのレストランや大型店などが並ぶ典型的な地方都市に映った。中心部にはライフルやピストルが並ぶ銃の専門店もあった。

市内には、これといった基幹産業はなく、地元経済の三分の一を軍関係の発注や兵士らの消費などに依存する。六万人弱の人口のうち、基地従業員が四〇〇〇人近くを占め、国防総省の手厚い補助金が都市開発に役立てられている。

グレートフォールズ市によると、新型ＩＣＢＭを受注する軍事企業ノースロップ・グラマンの担当者がこの街を何度も訪れ、経済効果を説明していた。

ノースロップ・グラマンのキャシー・ウォーデン最高経営責任者（ＣＥＯ）は二〇二一年二月、アメリカのシンクタンク「戦略国際問題研究所」（ＣＳＩＳ）主催のオンラインイベントで「ＩＣＢＭは過去五〇年も配備されてきたが、近代化は次の五〇年に必要な能力を提供する。今、すでに複数の国が保有する核兵器をアメリカが取り除くことは短期的な目標に合致しない」と、売り込みに余念がなかった。

グレートフォールズ市のボブ・ケリー市長に話を聞こうとアポを入れると、地元商工会議所

モンタナ州グレートフォールズ市のボブ・ケリー市長.「ICBMの基地は，いつの時代も，この街で歓迎されてきた」と語る(2021年2月17日，著者撮影)

の会議室を指定された。商工関係者や軍の支援団体幹部らが同席した。ケリー市長は、「ＩＣＢＭの基地はいつの時代も、この街で歓迎されてきた。経済的な存在感は大きく、地域が基地なんていらない、と声を上げたことはない。国防総省の支援で、プールやスポーツ施設も建設できる。核ミサイルは抑止のために存在しているのだ。ミサイラーたちはよく訓練され、成熟している」と語った。商工関係者は、「ミサイル発射施設の周辺の道路は安全対策のためによく整備されている。地元は恩恵を受けている」と話した。

そんな基地の町にとって、核兵器の近代化計画はどのような意味を持つのだろうか。ケリー市長は「核兵器の近代化に伴い、さまざまな施設建設などがおこなわれ、地元にとって大きな利益になる。この経済効果をできるだけ広げたい」と、期待を隠そうとしなかった。商工関係者も「歴史的なチャンスになる」と口をそろえた。

ICBMが配備されたモンタナ州の地下サイロの地図が描かれたシャツなどを掲げる地元グレートフォールズの反核派市民，ルクレーシャ・ハンフリーさん(左)と夫のジェームズさん．「アメリカも世界もいつまで核兵器に依存するのか」と憤る(2021年2月18日，著者撮影)

例外的なICBM反対派住民

地元には核反対派の市民もいる。ルクレーシャ・ハンフリーさん(七二)の自宅を訪れると、私に無数のミサイル発射施設を示した地元の地図を見せ、「アメリカも世界もいつまで核兵器に依存するのか」と憤った。

ハンフリーさんは一九九〇年ごろから二〇〇〇年代初頭までの一〇年ほど、広島に原爆が投下された八月六日に核兵器廃絶を求めるデモを仲間十数人と基地の前で続けた。「それが壊滅的な威力がある兵器と隣り合わせで生きている者の務めだと思ったの。この町の経済は恐ろしい兵器に依存しているが、一年に一回くらい、その問題を考えられないかって。でも私たちに共感する人はごくわずかだった。この町はいつも、基地が閉鎖するかもしれないとおびえている」

夫のジェームズさんは、「(冷戦終結後の)一九九〇年代、連邦政府の委員会が閉鎖対象となるミサイル基地を決めようとした際、町は震え上がり、閉鎖を阻止するためにロビイストまで雇った。結果的に(隣の)ノースダコタ州の基地が閉鎖された」と振り返る。

ジャスミン・クロトコフ元モンタナ州下院議員(民主党)も、ICBMを含む核兵器の危険性を訴えている。クロトコフさんは、グレートフォールズ市中心部から車で一時間ほどの郊外に住む。自宅から一五キロほどの場所にICBMのミサイル発射施設がある。

「ロシアにせよ、北朝鮮にせよ、アメリカが核ミサイルを発射したという誤警報があれば、即座に対抗しなければならない。そのとき、アメリカのICBMは狙われるだろう。すべての発射施設は幹線道路の近くにあり、施設に何かが起きれば、私たちは他の世界から寸断され、孤立する恐れがある。それなのに……」。クロトコフさんは大きなため息をついて、こう続けた。

「ミサイル発射施設のすぐ隣に家を建てた元軍人もいて、彼は安全性を信じて疑わない。テロや地震なども含めた緊急事態が起きれば、私たちは何をすべきか、どんなリスクがあるのか、政治家も市民も理解していない。アメリカ人の多くは、核戦争を大きな脅威と思わず、核兵器は以前よりも制御できるものと思っているが、私は違う。とても深刻に考えている」と語った。

クロトコフさんは、「多くの人はICBMや他の核戦力が他国の侵攻を防ぐ抑止力につながっていると考えているが、私はそれが正しいとは思わない。他国との外交や交渉の方がずっと効果的だ。連邦政府は核兵器にさらに投資して無駄遣いするより、外交などに予算を振り向けるべきだ」と主張する。そして、「この町の経済もミサイル基地に依存するのではなく、多様な分野に投資した方が中長期的には安全だ」と話す。だが、ハンフリーさん夫妻やクロトコフさんのようなICBM反対派は、この町ではごく例外的な存在であり続けている。

ICBMのミサイル発射施設の隣で牧場を営んでいるジーニー・ハンセンさんは、「義父が一九六一年、ミサイル発射施設建設のため、五六〇〇平方メートルの私有地を利用できる権利を（政府に）一九〇ドルで売ったと聞いている。このあたりの農家で、施設について心配する声は聞いたことがない」と話す。「そういえば、数十台の車両が幹線道路で列をつくって低速で進み、上空にヘリが飛んでいるのをときどき見かける。今思えば、ミサイルを運んでいたのかと思うけど、実物は見たことがないし、よくわからない」と首をすくめた。

核軍縮について提言するアメリカのNGO「憂慮する科学者同盟」の報告書によると、ICBMの拠点基地であるマルムストローム空軍基地は軍人・軍属四〇〇〇人近くを抱える。ICBMに加えて、戦略爆撃機の拠点も兼ねるマイノット空軍基地（ノースダコタ州）の軍人・軍属は六一〇〇人超で、いずれも地元の労働人口の一割以上を占める。ウォーレン空軍基地(ワイオミング州)は、軍人・軍属三七〇〇人以上が所属し、州最大の雇用先だ。「三つのICBM基地の閉鎖や縮小は、州や地域の経済に大きな影響を与える」と分析している。

このため、ICBMが配備されている地元の州選出の連邦議員らは超党派で「ICBM連合」を結成して、ICBMを一発も減らさずに近代化を進めるよう圧力をかけている。その一人でモンタナ州選出のジョン・テスター上院議員(民主党)は二〇一二年、「上院議員の要望で、マルムストローム基地のICBM部隊の予算全額と雇用を維持」という副題がついたプレスリリースを発表し、「マルムストローム基地のICBMは、我々の安全保障を費用対効果の良い方法で高める。基地はグレートフォールズの経済に死活的に重要であり、私はそのために戦うことを誇りに思う」と表明した(1)。

先述の報告書によると、ICBM連合の上院議員八人は二〇〇七〜一八年に軍事企業から総額一三〇〇万ドル超の献金を得ていた。このうち、ICBMを請け負うボーイングが一六万ドル超、ノースロップ・グラマンが一四万ドル超に上った。八人の中では、テスター氏が最高額の約二九万ドルだった(2)。核爆撃機や核搭載の潜水艦が拠点を置く州の議員にも同様の利害関係があり、圧力をかけているとされる。

核大国アメリカの抑止力は、安全保障の視点で語られることが多いが、軍産複合体と地元の有力政治家に支えられ、互いに利益をもたらしている一面があることを強調したい。

第 2 章

戦略爆撃機，世界が照準

——核戦力の 3 本柱　その 2——

アメリカ南部ルイジアナ州のバークスデール空軍基地に駐機する主力爆撃機 B52（2021 年 3 月 4 日，著者撮影）

二〇二一年三月上旬。アメリカ南部ルイジアナ州のバークスデール空軍基地で、巨大な灰色の軍用機が「キーン」という甲高い音を響かせて離着陸を繰り返していた。十数機が滑走路の傍らで翼を休めているのも見える。アメリカ軍の空の核戦力の中核を担う戦略爆撃機B52だ。翼幅約五六メートル、全長約四八メートル、高さ約一二メートル。八基のエンジンを搭載し「BUFF」(Big Ugly Fat Fellow　デカくて、醜く、太ったヤツ)との愛称で呼ばれる。

B52の重量は八〇トンを超え、燃料などを積んだ最大離陸重量は約二二〇トンにも及ぶ。私は軍の車両で基地内をめぐり、巨大なB52を見て回った。滑走路の近くまで行くと、ルーカス・グラム三等軍曹(二四)は言った。

「この基地の滑走路は長さが三〇〇〇メートルを超え、幅は一〇〇メートル近くある。B52の翼幅や、離陸と着陸に必要な条件を満たすためだ。B52は世界でも有数の重量がある航空機で、滑走路も非常に頑強なコンクリートでつくられている。着陸時にその重量に耐えられるか、専門部隊が常時、確かめている」

異例の長寿機Ｂ52

バークスデール空軍基地に駐機するB52．翼幅約56メートルの巨大な灰色の軍用機が空の核戦力の中核を担う（2021年3月4日，著者撮影）

Ｂ52は冷戦期に旧ソ連への核攻撃のために開発された。一九五五年の導入以来、七〇〇機以上が製造された。現在も使われているＢ52Ｈは、空中発射巡航ミサイル（ＡＬＣＭ）を最大二〇基搭載できる。重量にして三一トン超の爆弾やミサイルを積める。

一九九一年の湾岸戦争での「砂漠の嵐作戦」や、二〇〇三年のイラク戦争での作戦に、Ｂ52は参加した。一九九六年には、バークスデール空軍基地から出撃した二機のＢ52が、イラクの首都バグダッドの発電所や通信施設を巡航ミサイルで攻撃した。三四時間、二万五〇〇〇キロ以上を飛行し、「最長距離の戦闘任務」となった。「砂漠の嵐作戦」では、多国籍軍が投下した爆弾の四〇％をＢ52が運搬した。(1)

Ｂ52にはレーダーに探知されにくいステルス機能はないものの、敵の防空網をかいくぐる長距離のＡＬＣＭを装備し、核弾頭も搭載可能だ。二一世紀に入っても主力爆撃機の位置づけは変わっていない異例の長寿機だ。空軍は二〇五〇年まで使い続けたいとしている。[2]

アメリカ空軍が保有する七六機のB52のうち、約五〇機がこのバークスデール空軍基地を拠点とする。残りのB52は、北部ノースダコタ州のマイノット空軍基地に配備されている。全七六機のうち、四六機が核弾頭を搭載可能とみられる。[3]

「我々はアジアでも中東でもどこへでも行く。明日あるかもしれない戦争のために、今日も訓練している。平日は毎日、週末も必要なら訓練を欠かさない。(導入から)一〇〇年も改良して飛び続けようとしている。航空史に残る偉業だ」

滑走路の傍らに立った部隊指揮官のマシュー・マクダニエル大佐(四五)は誇らしげにそう言った。自身も二〇年にわたってB52に乗り、イラクやアフガニスタンでの戦争に従軍した。

「空中給油で長時間の飛行が可能になった。私もちょうど三八時間の飛行任務から戻ってきたばかりだ。機体は巨大だが、搭乗員のスペースは限られていて、多少の忍耐が必要だ」

B52は五人乗りで、最大航続距離は一万四〇〇〇キロ超。空中給油を受け、世界中に展開する。マクダニエル大佐は、「敵の(迎撃ミサイルの)射程圏外から発射可能なスタンド・オフ・ミサイルを搭載したことで、B52のダイナミクスが変わり、抑止力が高まった。B52は『刀と盾』の役割を担うようになり、敵に『今日はやめておけ』というメッセージを送っている」と力説した。

私が基地を訪れた直前の二〇二一年一月～二月、アメリカ空軍のB52はグアムのアンダーセン空軍基地などで、日本の航空自衛隊などと「コープ・ノース21」という共同訓練をおこなったばかりだった。

B52はその二年半前の二〇一八年九月、東シナ海から日本海にかけての空域で、航空自衛隊の戦闘機と共同訓練をおこなった。中国は「米軍機の挑発行為には断固反対」と反発した(4)。

マクダニエル大佐は「B52部隊と航空自衛隊との協力は素晴らしいものだ。この地域に日本とアメリカの『空の力』を示している」と言った。

「今、B52に核弾頭を搭載する訓練はどのくらいやっているのか」。私がそう問うと、大佐はこう答えた。「我々は核弾頭を搭載して飛行はしていないが、訓練はしている。(核兵器の使用は)政治指導者の命令に従わなければならない。戦争に常に備えるために、訓練は課せられた義務だ。我々は、核兵器はアメリカや同盟国を守るための最終手段だと知る必要がある。もし使えば、世界は最悪の日を迎えるからだ」。モンタナ州の基地で、大陸間弾道ミサイル(ICBM)部隊の司令官が「核兵器を使えば、非常に悪い日を迎える」と話したのと同じフレーズだったことが印象に残った。

バークスデール空軍基地は、人口約六万人のボージャーシティという街の幹線道路近くに所在し、市の中心部からも遠くない。滑走路の周りの駐機場や倉庫などを見渡し、「B52が搭載可能な核弾頭は基地内のどこにあるのか」と聞くと、マクダニエル大佐は「あるともないとも言えない。それは秘密だ」とけむに巻いた。

「敵から攻撃されるリスクには、どう備えているのか」とたたみかけると、「我々の強みは（敵対国から）遠く離れていることだ。敵はいつも新たな打撃能力を開発している。我々は自分たちを守り、B52を移動させるのに必要なインテリジェンス（機密情報）の収集などに最善を尽くしている。それに加えて、我々はB52をよりグローバルに展開させる新しい運用を始めた」と語った。

アメリカ軍は二〇二〇年、グアムなどの前方拠点に戦略爆撃機を常駐させるのではなく、アメリカ本土の基地を拠点に、中国や北朝鮮、イランなどを牽制する機動的な運用に切り替えた。これは「動的戦力運用」というアメリカの国防戦略の一環とされる。アメリカ軍部隊の展開をより機動的にし、敵の予測を困難にするものだ。

中国や北朝鮮の弾道ミサイル技術の進歩は著しく、中国は二〇一八年四月、中距離弾道ミサイル「DF26」を実戦配備した。射程は三〜五〇〇〇キロで、グアムへの攻撃も可能になるため、「グアム・キラー」とも呼ばれている。アメリカの専門家は、戦略爆撃機を本土などに分散配置することで、敵が攻撃目標を絞りにくくなるうえ、戦略爆撃機も各地から飛行でき、予測されにくいという戦略上の利点を指摘している(5)。

アメリカ空軍の将官は私に、「動的戦力運用に加え、日本の航空自衛隊やインド、オーストラリアといった同盟国・友好国の空軍と協力することで、即応性を高め、敵対国に対抗していく」と狙いを語った。

B52の機内に入った

滑走路の近くに、天井までの高さが約二〇メートル、一〇〇メートル四方の広さがある巨大な倉庫のような建物があった。入り口には「兵器搭載訓練施設」という標識が掲げられていた。この施設内では、軍のカメラマン以外の撮影は一切禁止と言い渡された。

施設の中に入ると、壁に大きな旗が掲げられているのが目に入った。「Weapons providing our enemies a chance to die for their country」（兵器は敵に母国のために死ぬチャンスを与える）と書かれていた。

バークスデール空軍基地内の施設で，兵士らがB52に爆弾やミサイルを搭載する訓練をおこなっていた（2枚とも2021年3月4日，米空軍のジェイコブ・ライツマン氏撮影）

施設内の真ん中に、巨大なB52の機体があった。空軍兵士七人がリフトを使って、爆弾やミサイルの模擬弾を持ち上げて移動する。そして、二メートル以上の赤いはしごを使って、B52の長い翼の下に積み込んでいた。「もっと右だ。早くやれ」。兵士たちは声をかけ合い、検査官がストップウォッチで所要時間を計測していた。

訓練担当のポラード三等軍曹は「あれは空中発射巡航ミサイル（の模擬弾）だ」と言った。「兵士たちは毎日ここで、安全で速く正確に兵器を搭載できるよう、訓練を繰り返している。そして毎月、必要な仕事を理解し、技能を持っているか、テストを受けている。どのくらいの時間で兵器を積まないといけないかなど、正確には明らかにできない」と語った。

訓練には通常弾頭だけでなく、核弾頭の模擬弾も使っている。ポラード三等軍曹は「戦略爆撃機はアメリカの核戦力三本柱の中で、最も柔軟性に優れている。B52は長距離を飛べて、世界のさまざまな場所に展開して必要な態勢をとることができる。B52が二四時間、いつでも任務を遂行できるように準備し、ベストの状態にしておくことが大切だ」と言った。

B52の真横に立った。操縦席の窓の真下に、アメリカ国旗とパイプをくわえたサングラス姿のダグラス・マッカーサー元帥のイラスト、それに「Old Soldier II」という文字が添えられていた。マッカーサーは連合国軍最高司令官として厚木飛行場に降り立ち、解任後にアメリカに帰ると、議会で「老兵は死なず、ただ消え去るのみ」と演説したことで知られる。尾翼には「LA」(ルイジアナ州)と「バークスデール」という基地名、それに実任務に就いている爆撃機であることを示す番号が記されていた。

B52パイロットのジュリアン・グラック大尉(三〇)は「B52は八基ものエンジンを搭載する世界でも稀有な航空機だ。大量の燃料を運ぶので、翼が沈むほどだ」と言った。巨大な翼の下に立つと、あたりが暗くなった。グラック大尉に声をかけられた。「B52の内

B52の操縦席にはアナログの計器パネルがずらりと並ぶ(2021年3月4日,米空軍のジェイコブ・ライツマン氏撮影)

部は、下側に攻撃のための部屋、上側にパイロットの操縦席がある。さあ、中に入ってみよう」。私は機体前部の下側まではしごを使って上り、機内に潜り込んだ。

B52の内部は薄暗く、機材が並び、空間はとても窮屈だ。「使いやすさと効率性に重点を置き、快適性は二の次になっている。ここがオフェンス・ステーション(攻撃室)だ」と大尉は言った。

機内に入ってすぐ、目の前の窓のない真っ暗な空間に赤く光ったスクリーンと座席が二つ見えた。そこが「攻撃室」だった。左にレーダー士、右に航空士の席があった。

攻撃室の発射装置の前で、グラック大尉は「ボタンを押すだけで、選択した武器を使って標的を攻撃できる」と説明した。「通常兵器だけでなく、いざとなれば核兵器も使うのか」と聞くと、「最終的には両方、同じボタンで発射できる」と言った。

ただ、核兵器を使うにはＩＣＢＭの配備基地で聞いたのと同じように、厳格な手続きが必要だという。「特別な外部のコードや情報などを入力し、制限を解除しなければ発射できない。たとえ、搭乗員が発射しようと思っても、誤使用などを防ぐために簡単には発射できないようになっている。たくさんの安全措置がある」と大尉は強調した。

攻撃室からさらに一つ上まではしごで上り、操縦席に足を踏み入れた。天井まで高さ一メートルくらいしかなく、頭がつきそうなほどだ。両手で握った操縦桿で翼を、両足のペダルで車輪を動かす。アナログの計器パネルが窓の下から天井まで一〇〇個以上ずらりと並ぶ。八基のエンジンや一二個の燃料タンクの状態が一目でわかるようになっているほか、高度や速度といった飛行情報が時計のように目盛りで示されている。

操縦席のパネルには、航空機の重量や、燃料の量といった表示もあった。「燃料にはいつも注意を払わなければならない。燃料が重いので、飛行中は機内の重量バランスを見張り、燃料の位置を移すなど調整が重要になる」「燃料も電力も余剰が十分にあり、何らかの理由で一カ所が失われても、機能不全にはならない。緊急時には乗組員がパラシュートなどで脱出できる」。グラック大尉はそう言った。

「祖父の世代の爆撃機だが、六〇年以上の間に改良を重ね、完璧な状態を保ち続けてきた。

計器類もかえって見やすく、信頼できる。だからこそB52は二一世紀に入っても、戦闘用の主力機であり続けている」。二〇〜三〇代が多い、若いパイロットたちはそう口をそろえた。

グラック大尉は、B52のパイロットになって七年になる。祖父も父も空軍のパイロットという軍人家族の出身だ。飛行時間は約一三〇〇時間。イラクやシリアで過激派組織「イスラム国」(IS)との戦闘に従事した。グアムでは、日本の航空自衛隊やオーストラリア空軍との共同訓練「コープ・ノース」にも参加した。「同盟国とチームとして友好関係を築くほど、作戦もより効果的になる」

大統領の命令があれば、B52は核兵器を搭載して出撃する。「核兵器を扱うことをどう思っているか」と率直に尋ねた。グラック大尉は少し考えて、アメリカ空軍のお手本のような答えを返してきた。

「核戦力を運用する部隊の一員であることは大きな責任を伴うが、私はアメリカの核戦力の三本柱に大きな自信を持っている。戦略爆撃機も、ICBMも、戦略原子力潜水艦も欠かすことができない。アメリカは何十年もの間、同盟国に『核の傘』を提供し、核抑止によって、世界の安全に貢献してきた」

「テロとの戦い」から核の「大国間競争」へ

翌日、戦略爆撃機を運用するバークスデール空軍基地で、空軍の分析官が私に「インテリジェンス・ブリーフ」と題して世界情勢についての認識を語った。その内容は次のようなものだった。

「アメリカは、『テロとの戦い』から、ロシアや中国との『大国間競争』(Great Power Competition)にシフトしている。ソ連崩壊後、核の競争はもはや過去の遺物だという誤解があったと思うが、戦略的競合相手と向き合う今、決してそうではない。ロシアだけでなく、中国も核と通常兵器の能力を高めており、アメリカ軍が持っていた優位性、能力差は失われている。さらに、北朝鮮も急速に核開発を進め、アメリカだけでなく、同盟国にとっても脅威となり、地域の不安定要因になっている。アメリカが核弾頭数の削減を進め、核軍縮を優先課題としてきた一方、ロシアや中国、北朝鮮は戦略環境を逆の方向に仕向けようとしている」

この分析官が真っ先に具体的に指摘したのが、中国の急速なミサイル開発だった。「中国の弾道・巡航ミサイルの開発は世界で最も活発で多様なものだ。複数個別誘導再突入体(MIRV)や極超音速(ハイパーソニック)兵器の開発を進めている。それは地上発射型から、海上、航空戦力まで、中国の核の三本柱に及ぶ。ミサイルの射程も、短距離から中距離、大陸間の長距離までですべてだ」

　そして、ロシアについてはこう言及した。「ソ連崩壊でかなりの領土を失い、西部や南部の国境付近で安全を確保する能力を損なった。北大西洋条約機構（NATO）が東方拡大し、影響力を高めていると考えたため、弾道・巡航ミサイルの開発を非常に幅広く進めている」。例として挙げたのが、二〇一九年に配備された極超音速ミサイル「アバンガルド」や、二〇二二年末までに配備予定とされる新型ICBM「サルマト」だった。

「アメリカと我々の戦略的競合相手の間にはかつて、軍事力の差があったが、競合相手は核と通常兵器の開発と近代化を進め、その差は小さくなり続け、脅威は増えるばかりだ」

　こうした分析は、軍や戦略コミュニティの代表的な見方であり、「核兵器の近代化計画」を進める論拠にもなっている。

「ブロークン・アロー」——核兵器重大事故の歴史

　戦略爆撃機は、ICBM、潜水艦発射弾道ミサイル（SLBM）と並ぶ核戦力の三本柱の中で最も古い歴史を持つ。広島、長崎に原爆を投下したのは初期の戦略爆撃機B29だった。ソ連も原爆とそれを運搬する爆撃機を獲得し、開発競争となった。アメリカ空軍は続けてB36、B47、さらに八基のジェットエンジンを搭載するＢ52の開発にこぎつけ、増産体制に入った。アメリカは一九五〇年代、水素爆弾による核実験に成功し、小型化、軽量化した水素爆弾をＢ52に搭載するようになった。(6)

だが、一九五七年、ソ連が人類初の人工衛星スプートニクの打ち上げに成功した。ＩＣＢＭにつながる技術で先行されたアメリカに衝撃が走った。いわゆる「スプートニク・ショック」だ。アメリカとソ連がＩＣＢＭの開発競争を繰り広げるなか、戦略爆撃機はＢ52だけが残ることになった。

いったん出撃した後でも、敵の攻撃が誤報とわかると呼び戻せる「柔軟性」がＩＣＢＭとは違う爆撃機の利点とされる。アメリカ空軍は冷戦期、核兵器を搭載したＢ52と空中給油機を二四時間、警戒待機させていた。アメリカ本土との往復を繰り返すなかで、墜落や水素爆弾落下などの事故も起きた。

アメリカの国防総省は、一九五〇～八〇年に起きた重大な核兵器事故三二件を八〇年前後に公表した。(7)

それによると、私が訪れたバークスデール空軍基地でも一九五九年七月、Ｃ124輸送機が離陸時に出火し、大破する事故が起きていた。核弾頭や爆発力の高い爆発物の起爆はなかった。

「非常に限られた区域で、限定的な汚染があった」としているが、救助や消火作業への影響はなかったという。

一九六一年一月には、アメリカ東海岸のノースカロライナ州上空で、B52が空中分解し、搭載していた二発の水素爆弾が落下。一発はパラシュートで落下したが、もう一発はそのまま地上に激突し、衝撃で壊れた。起爆には至らなかったが、ウランを含む爆弾は地中深くに埋まり、深さ一五メートルまで掘削しても回収されなかった。放射能汚染は確認されていないとしている。八人の搭乗員のうち五人は脱出に成功したが、三人は死亡した。

一九六五年一二月には、鹿児島県の奄美大島沖でアメリカ海軍の空母から、水素爆弾を搭載した航空機が海中に転落した。水素爆弾は乗組員一人とともに海底に沈んだ。アメリカ政府は核兵器の配備や搭載について曖昧にする政策をとっており、奄美沖の事故についても当時、「国家安全保障上の利益に悪影響を与える」などとして日本側の照会に応じなかったとされている。(8)

翌一九六六年一月には、B52がスペイン南部パロマレス上空で空中給油機と衝突して墜落した。搭載していた水素爆弾四発のうち、海上に落ちた一個を除く三個が地上に落下した。核爆発はなかったが、二個は内部の通常火薬が爆発してプルトニウムとウランが飛散した。国防総省などによると、アメリカ軍は、兵士を大量に投入して、周辺の約一四〇〇トンの土や植物を除去し、事故から約八〇日後に海底に残る一個を回収した(9)。スペイン政府は二〇〇六年から土壌調査を始め、五万立方メートルの汚染土があるとわかり、汚染地域は立ち入り禁止となった(10)。

一九六八年一月には、デンマーク領グリーンランドにあるチューレ空軍基地の沖合で、核兵器を搭載したＢ52が墜落した。水素爆弾四発を積み、ソ連に対する警戒待機で飛行中に火災が発生し、基地に緊急着陸しようとして墜落したとみられる。搭載していた水素爆弾のプルトニウムが飛散し、放射能汚染につながった。

国防総省は核兵器事故が海外で起きた場合、「外交的な考慮から場所は特定できない」としていたが、放射能汚染などで一般に影響が及ぶ可能性がある場合は例外とされ、スペインの事故とグリーンランド沖の事故がそれにあたった。

こうした核兵器に関する重大事故について、国防総省は暗号名で「ブロークン・アロー」(折れた矢)と呼んでいる。偶発的または命令のない核兵器爆発、核兵器の燃焼や非核爆発、放射能汚染、核兵器や部品の強奪、盗難、紛失、公害あるいはその可能性のある事態――が含まれる。実際には国防総省が公表した以外にも事故は起きていたとみられている。

冷戦終結後の一九九一年、核を積んだままでいる警戒待機態勢は解かれた。だが、二〇〇七年、B52が誤って核弾頭を搭載したまま、マイノット空軍基地からバークスデール空軍基地まで、米本土を縦断飛行した問題が発覚し、核兵器のずさんな管理態勢が浮き彫りになった。ブッシュ政権がイラクやアフガニスタンでの戦争に注力するなか、次第に核抑止の任務の相対的な優先度は失われ、部隊の士気や能力の低下が指摘された。

そのため、それまで別々の指揮系統下にあったICBMと戦略爆撃機の部隊を一括して指揮する「グローバル攻撃軍団」が、オバマ政権時の二〇〇九年に空軍に新設された。核抑止を担う部隊の存在感低下に歯止めをかける狙いだった。

グローバル攻撃軍団運用・通信部長のジェイソン・アーマゴスト准将は言う。「核兵器の抑止力を効果的にする目的で、核兵器に特化し、効果的な管理や維持を図るための軍団を創設した。抑止力を示すためには、ただ飛ぶだけでなく、そのことの重要性を理解し、同盟国・友好国と連携していけるリーダーになる兵士をいかに育成するかが重要だ。それなしには、飛行任務はできない」

B52の近代化計画、一〇〇年依存か

空軍は、二〇二〇年代半ばに核弾頭を搭載可能な次世代ステルス爆撃機B21の実戦配備をめ

ざし、一九八〇～九〇年代に導入された戦略爆撃機のＢ１とＢ２を順次退役させる予定だ。一方、Ｂ52は二〇五〇年まで現在の七六機を運用する計画だ。性能面で課題があったＢ１や高価格のＢ２に対し、Ｂ52は頑丈で価格が比較的安く、さまざまな作戦に順応性が高いという。

だが、グローバル攻撃軍団で兵站部門の責任者を務めるエリック・フレーリッヒ准将によると、Ｂ52は老朽化による問題も抱えており、全七六機のうち八～一〇機は常時、オクラホマ州のティンカー空軍基地で整備をしている。さらに四～六機はカリフォルニア州のエドワーズ空軍基地でエンジンやレーダー、兵器を更新するためのテストや近代化計画のための調査・研究を続けているという。

フレーリッヒ准将は、「通常兵器でも、核兵器でも、任務を遂行できるだけの能力があるかは、常にチェックしている。七六機のうち、実戦のミッションで稼働できるのは、四〇機に満たない。六〇年ものの爆撃機を使い続ける難しさは当然あるが、即応できる態勢をとり続けている。新しいエンジンやレーダーなど近代化計画への期待は大きい」と言った。

Ｂ52は先述の通り、核弾頭も積める長距離のＡＬＣＭを搭載できることで、近年の戦争で実戦使用されてきた実績がある。Ｂ21が敵の防空網を突破する能力を持つのに対し、Ｂ52は重い燃料やミサイル、爆弾を搭載し、長距離を飛び、敵の迎撃ミサイルの射程圏外から攻撃する。

アメリカ軍はさらに、核搭載可能な新型の長距離巡航ミサイル（LRSO）を開発中だ。「B21があれば不要」「核弾頭と通常弾頭のどちらを搭載しているか見分けがつかず、核戦争の危険を増大しかねない」といった批判もあるが、敵の防空網が飛躍的に強化された場合でも有効だと軍は主張する。

フレーリッヒ准将は、「B52は核であれ、通常兵器であれ、長距離からの攻撃のために完璧なプラットフォームだ。既存のALCMは他の古い武器と同じ課題を抱えており、LRSOは射程の長い核ミサイルの稼働率を高めることができる」と語った。

グローバル攻撃軍団で戦略計画などを担う部門のナンバー2であるマーク・パイ准将も、「核戦力の三本柱は、アメリカと同盟国の安全保障の基盤であり続け、その有用性は二一世紀に高まっている。毎日、海を航行している戦略原子力潜水艦は、生き残り能力が最も高い。地上配備のICBMは二四時間の警戒態勢を敷き、航空戦力や同盟国に行動の自由をもたらしている。戦略爆撃機は最も柔軟性が高く、目に見える形で敵に抑止力を示すことができる。『即応性』（ICBM）、『柔軟性』（戦略爆撃機）、『残存能力』（戦略原子力潜水艦）によって、核戦力の三本柱は最も効果的で戦略的な抑止力であり続けている」と強調した。

「三本柱の武器システムの多くは、耐用年数を超えて使われており、近代化は待ったなしだ。

B52は長期的な近代化計画を進めることで二〇五〇年まで使い続けることができる。新たに導入されるB21とともに戦略爆撃機の主戦を担い続けるだろう」（パイ准将）

B52は冷戦初期の導入以来、世界各地で核事故のリスクと向き合い続けてきた。「古い大型トラックのような核爆撃機」（空軍パイロット）に、導入から一〇〇年依存する可能性も現実味を帯びている。

第 3 章

核戦略の主力になった潜水艦

——核戦力の3本柱　その3——

オハイオ級戦略原子力潜水艦「テネシー」．大西洋に展開し，トランプ政権下で低出力核弾頭を搭載したとされる（2013 年 2 月 6 日撮影，提供：Mass Communication Specialist 1st Class James Kimber/U.S.Navy/ロイター/アフロ）

「潜水艦がどこを航行しているのか、司令官の私でさえ大まかな海域は知っているが、正確な場所はわからない」

そう打ち明けたのは、アメリカ軍の海の核戦力部隊トップのダリル・コードル潜水艦隊司令官(中将)だ。司令官は、核弾頭を搭載した潜水艦発射弾道ミサイル(SLBM)を備える戦略原子力潜水艦を指揮する。

弾道ミサイルは射程が長く、放物線を描いて飛ぶ。低高度を水平に、より遅い速度で飛ぶのが巡航ミサイルだ。こちらは第2章で詳述したように、B52などの戦略爆撃機に搭載される。

SLBMは大陸間弾道ミサイル(ICBM)や戦略爆撃機とともに核戦力の三本柱を構成する。コードル司令官は二〇二一年四月、私の取材に「戦略原潜がアメリカの核弾頭のおよそ七割を積んでいる」と語った。そして、「我々は秘密裏に行動している。世界中の海中を航行しているが、(敵が)見つけて追跡するのは非常に難しく、三本柱の中で最も生き残り能力が高い。そのために潜水艦の居場所は機密とされている」と語った。

著者の電話インタビューに応じた米海軍潜水艦隊のダリル・コードル司令官.「潜水艦がどこを航行しているのか，司令官の私でさえ正確な場所はわからない」，低出力核について「必要なときに使える兵器があることが重要であり，実際に使うかどうかは別の話だ」などと率直に語った(米海軍HPから)

海上で即応態勢

アメリカの核戦力の主力は潜水艦になっている。

二〇一一年に米ロ間で戦略核弾頭数を一五五〇発以下とする新戦略兵器削減条約(新START)が発効した。アメリカは敵の攻撃に対して脆弱な地下サイロに配備されたICBMを四五〇基から四〇〇基に減らし、一基に搭載する核弾頭数も最大三発から一発にする単弾頭化を進め、ICBMを真っ先に削減した。条約で上限数を決めた核弾頭の大半がSLBMに搭載されることになった。核戦力の中心をSLBMにすると決めたのだ。

ほかの核保有国でも世界最多の核弾頭を持つロシアは潜水艦への搭載がICBMをわずかに上回り、最も多い。フランスとイギリスは核弾頭のほとんどが潜水艦用だ。

潜水艦はその「秘匿性」が最大の抑止につながっていると

考えられている。地上発射型のＩＣＢＭは、固定式の地下サイロならば、敵に場所を知られている。核爆撃機も出撃基地が先制攻撃される可能性は否定できない。これに対し、アメリカ海軍によると、戦略原子力潜水艦は平均して七七日間、深海を航行し、敵が核攻撃を仕掛ければ、居場所を察知されずに、核ミサイルで反撃する。続く三五日間、港でメンテナンスを受けるという周期で任務に当たっている(1)。

アメリカ海軍の歴史をさかのぼれば、核ミサイルを積んだ原子力潜水艦ジョージ・ワシントンが最初に就役したのは一九五九年のことだ(2)。初期のＳＬＢＭポラリスを搭載した潜水艦が大西洋と太平洋に配備され、「戦略的抑止」を担った。

現在のオハイオ級原子力潜水艦は一九八一年から配備が始まり、一八隻が建造された。アメリカとロシアが一九九三年一月に調印した第二次戦略兵器削減条約（ＳＴＡＲＴ2、未発効）で削減対象となったことから、四隻が通常兵器の巡航ミサイルを搭載する潜水艦に改造され、現在は一四隻が核任務に就いている(3)。

アメリカ海軍は東海岸ジョージア州のキングスベイ海軍基地と西海岸ワシントン州のキトサップ海軍基地を拠点に一四隻のオハイオ級戦略原潜を保有する。アメリカの議会調査局の報告書によると、うち九隻が太平洋、五隻が大西洋に展開する。海軍は二〇〇二年以降、大西洋から太平洋に戦略原潜の一部を移した。この変更は国際的な安全保障環境の変化を反映しており、この「太平洋シフト」によって、中国や北朝鮮を標的とする能力が高まったという。(4)

コードル司令官によると、この一四隻のうち約五隻が常時、海上で即応できる態勢をとっているという。

新ＳＴＡＲＴの発射台数の制限に合わせるため、潜水艦一隻につき、発射管を二四基から二〇基に減らした。四基の発射管は、ミサイルを運搬したり発射したりできないように撤去された。これによって、整備中の二隻を除く一二隻が計二四〇基の発射管を備え、それに計約一一〇〇発の核弾頭を搭載しているという。

アメリカの戦略原子力潜水艦が搭載しているＳＬＢＭトライデント２Ｄ５は、全長一三・四メートル、直径約一・八五メートル、重さ五九トンと巨大だ。三段式の固定燃料ロケットで、最大八発の核弾頭を搭載し、射程距離は六五〇〇キロに及ぶ。(5)

アメリカ海軍によれば、複数のオハイオ級原潜は全長一七〇メートル、船幅一三メートル。二五ノット(時速四六キロ)以上の速度を出し、二四〇メートルを超える深さまで潜ることができる。速度や潜行できる深度などについてそれ以上、具体的には明らかにされていない。

だが、戦略原潜もまた老朽化に直面している。コードル司令官は「使用予定が二〇年間だったオハイオ級戦略原潜を延命し、四〇年間も使ってきた」と訴えた。オハイオ級戦略原潜に搭載するSLBMトライデント2 D5についても、耐用年数を超えて使おうとしている。

海軍は、一九八〇年代に配備されたオハイオ級戦略原潜一四隻を二〇三〇年以降、新型のコロンビア級原潜一二隻に更新する近代化計画を進めている。コロンビア級原潜の一番艦の就役は二〇二九年ごろに予定されていたが、計画に遅れが出ているため、三一年ごろになる見通しという。一方でオハイオ級原潜の退役は二〇二七年には始まる予定で、二〇三〇年代は戦略原潜が一〇隻態勢まで減る時期が多くなる見込みとされている(6)。

コードル司令官は、戦略原潜の近代化の柱として、センサーや兵器システム、乾ドックや整備・訓練などの施設を挙げた。

ただ、二〇一八年段階で、コロンビア級原潜一二隻の取得にかかるコストは、研究・開発費も含めて総額約一〇〇〇億ドルと巨額に及ぶことが見込まれている。このため、海軍や国防総省、軍事専門家の間では、海軍の他の新たな艦船の建造に悪影響を及ぼすという見方が強い。攻撃型潜水艦や駆逐艦、水陸両用の艦艇などが想定され、最大三二隻の海軍艦艇の調達が見送られる懸念が示されたこともある。

海軍はこれまでオハイオ級戦略原潜について、整備中の二隻を除く一二隻態勢を維持し、うち約五隻が大統領の命令を受けて海中からミサイルを即発射できる態勢をとってきたが、敵の先制核攻撃を抑止するための「第二撃能力」のためにこれほど多くの核弾頭が今後も必要なのか、という批判がある。ただ、「最低一二隻」の戦略原潜を維持することは、核抑止力を保つためには必要で、アメリカの安全保障の柱となるという意見は、連邦議会などでも根強い(7)。

低出力核の開発、実戦配備

核軍拡を進めたトランプ前政権は二〇一八年の核態勢見直し（NPR＝Nuclear Posture Review）で、低出力の核弾頭や、海洋発射巡航ミサイル（SLCM）などの新型の核兵器の開発を表明した。そして二〇二〇年二月には、海軍が低出力の核弾頭を搭載したSLBMを潜水艦に実戦配備したと発表した。

これまでの核弾頭の爆発の規模はTNT火薬換算で一〇〇キロトン級だったが、小型核弾頭は広島型原爆（推定約一六キロトン）よりも威力が小さい五キロトン級に抑えられたとされる。

低出力核を導入した背景には、ロシアの核戦略があった。アメリカとの間に低出力核での反応オプションにギャップがあることを見越し、ロシア側が低出力核を限定的な形で使用することによって、さらなる大規模紛争にエスカレートさせると脅すことで、西側の介入を防ぎ、自国に優位な状況につなげようという考え方だ。そうした能力ギャップを埋めるべく、低出力核を配備することで、ロシアに射程が短い非戦略核（戦術核）などによる核の先制使用は代償が大きいことをわからせ、それを思いとどまらせる狙いがあった。

「全米科学者連盟」の核問題専門家であるハンス・クリステンセン氏は私の取材に、低出力核弾頭が搭載されるのは、大西洋に展開する戦略原潜テネシーと、太平洋を航行する別の原潜だと語った。「太平洋と大西洋で、低出力核を配備した少数の原潜が常時展開することになるだろう」との見方を示した。

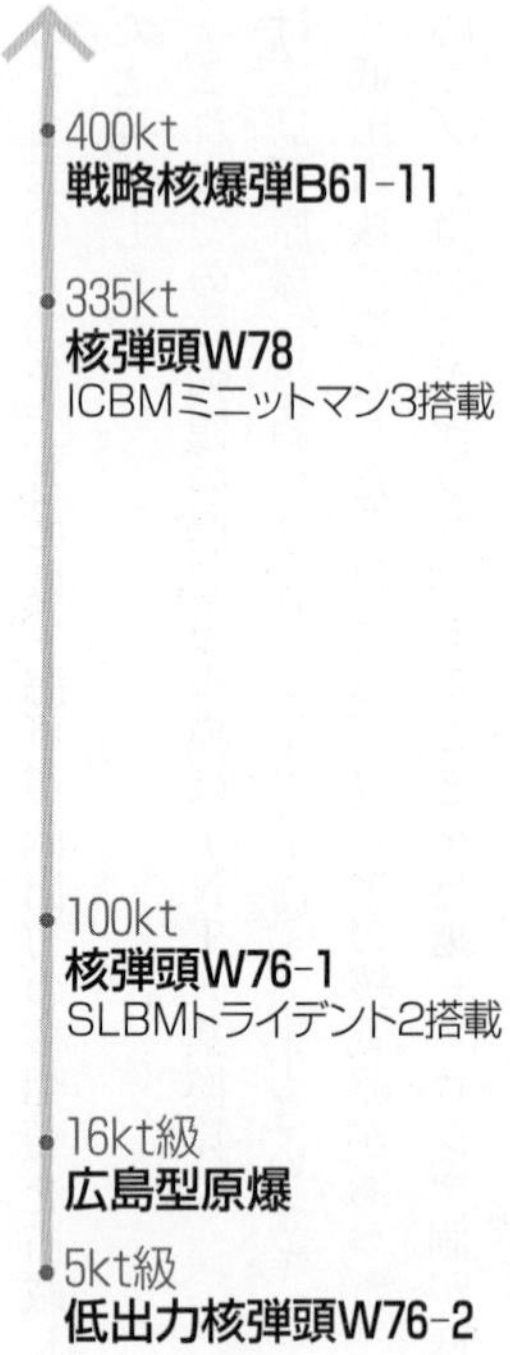

図 3-1 アメリカの主な核兵器の威力比較．
単位：キロトン(kt)．
長崎大学核兵器廃絶研究センター(RECNA)の資料などから，朝日新聞デジタル2021年5月26日「核戦略の主力になった潜水艦」図版を参考に作成クリステンセン氏はこう分析してくれた。「低出力核弾頭配備の目的は、戦術核など敵の『限定的な核使用』への対抗手段としようというものだ。想定されているのはロシアだけではない。中国や北朝鮮も含まれる。もし太平洋で危機が起き、アメリカが中国に核兵器で即座に対抗しなければならない局面があれば、低出力核は一つの選択肢となる。その意味で、日本とも関わりがある動きだ」

低出力核弾頭は「核兵器使用のハードルを下げ、核戦争に発展させる危険を高めた」との批判が根強い。低出力核弾頭を搭載するＳＬＣＭは、発射された場合に核攻撃がされたと推定することになり、意図しない形で核戦争に発展する懸念が指摘されている。こうした新型核兵器の開発は、「核兵器なき世界」をめざしたオバマ政権の方針を覆すものと受けとめられた。

コードル司令官に見解をただすと、「敵がアメリカと核戦争をするのを妨げるため、幅広い選択肢を大統領に提供することが重要だ」と述べ、核抑止論を強調した。「使える核兵器」である低出力核を持つことで、敵に核兵器使用を思いとどまらせているとして、「むしろ敵の核兵器使用の可能性を下げることができる。必要なときに使える兵器があることが重要であり、実際に使うかどうかは別の話だ」と語った。

「戦略爆撃機の空中発射巡航ミサイル（ＡＬＣＭ）があるなかで、ＳＬＣＭは不要ではないかと

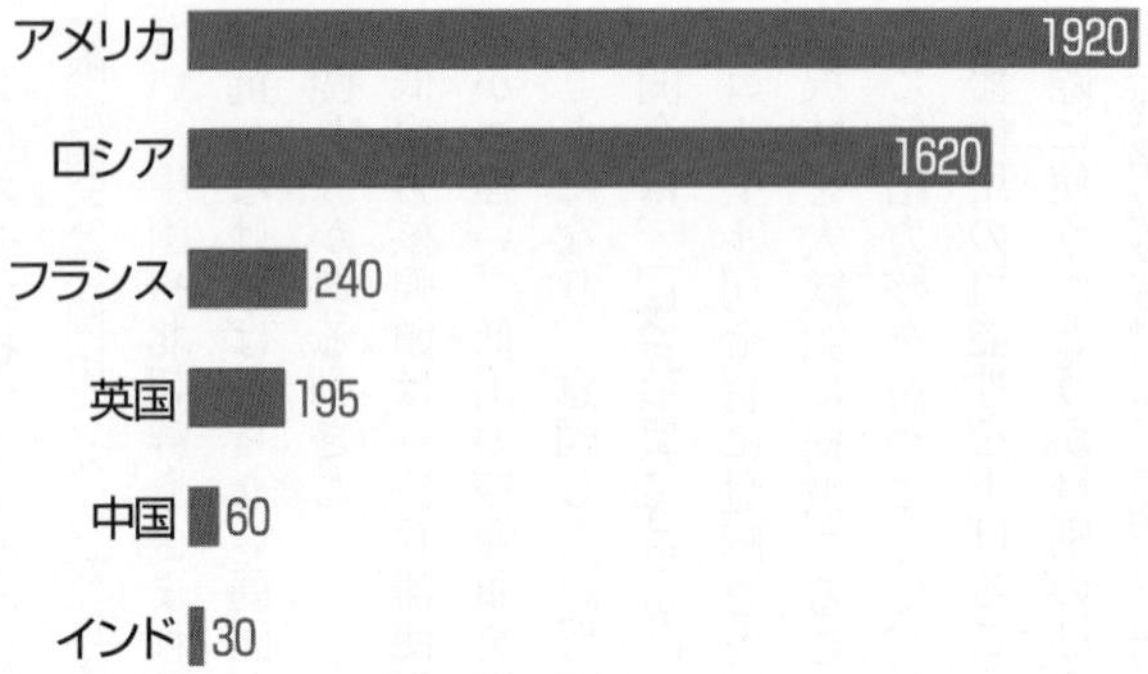

図 3-2　各国の SLBM など海洋配備の核弾頭数（2020 年現在）．長崎大学核兵器廃絶研究センター（RECNA）の資料を元に，朝日新聞デジタル 2021 年 5 月 26 日「核戦略の主力になる潜水艦」図版を参照して作成

いう疑問も出ている」と問いかけると、司令官は「兵器の運搬手段が増えれば、選択肢が広がり、信頼性も高められる。秘匿性が高く、発見が難しい潜水艦から発射できることは利点につながる」と答えた。

さらに、ライバルである中国とロシアの戦略原子力潜水艦の能力を尋ねると、司令官の見方はこうだった。「ロシアはアメリカと同様、長年にわたって、戦略原潜を配備してきた。ロシアの潜水艦の能力は非常に高い。アメリカと同じくらいの強さとまでは言わないが、アメリカにとって重大な脅威だ」「中国も潜水艦の能力を強化しており、ミサイルの射程や能力も高めている。ロシアやアメリカと同様に、潜水艦を常時、海域に展開させようとしている。今はロシアほどではないが、能力を強化し、数的にも増やしており、年を追うごとに大きな脅威になるとみている」

私はインタビューの最後にあえて、「バイデン大統領は、オバマ元大統領の『核兵器なき世界』の理念を受け継ぐと表明しているが、どう思うか」という質問をぶつけてみた。コードル司令官は即座にこう答えた。「私個人としてはその目標には賛成しない。もし私が政権から核兵器をゼロにする方向性を求められたら、それはアメリカが進むべき道ではないと軍事的なアドバイスをするだろう。適正な数の核兵器を持つことは重要だ。私はバイデン大統領が延長した新ＳＴＡＲＴは大事だと思うし、核兵器の数を管理し、減らすことは大いに結構だが、ゼロにできるとは思わない。アメリカを危険にさらすことになる」

ロシアや中国、北朝鮮が今すぐゼロにする見通しがないなか、アメリカだけがゼロにすることはできないという主張と、私はとらえた。

同盟国・日本に見せた戦略原潜の内部

アメリカ西海岸ワシントン州バンゴールのキトサップ海軍基地は、カナダとの国境に近いシアトルの西北約三〇キロの太平洋に面した入り江にある。第二次世界大戦中の一九四四年、軍港として開設され、六二年に核ミサイルが集積され、ＳＬＢＭの太平洋側の拠点となり、七三

年に潜水艦部隊の母港になった。今や全米最多の核弾頭の配備基地となっている。(8)

二〇一三年四月、このキトサップ基地に停泊中のオハイオ級戦略原子力潜水艦の艦内に日本政府関係者の姿があった。

日米両政府はその三年前の二〇一〇年、両国の外務・防衛当局者が「核の傘」をめぐる政策などを話し合う「日米拡大抑止協議」(EDD、詳しくは第4章参照)を始めており、年に一～二回、日米両国で定期的に開くようになっていた。アメリカでは首都ワシントンではなく、核戦力の現場でおこなわれることも多く、一三年のこのときは日本周辺も管轄する戦略原潜の太平洋側の拠点が会場となったのだった。

日本政府関係者を案内したアメリカ政府側のキーマンの一人で、当時、国務次官補代理(日本・韓国担当)だったジェームズ・ズムワルト氏が私の取材に応じ、そのときの状況を詳細に語った。

ズムワルト氏によると、日本側の参加者は外務・防衛両省の関係者ら約二〇人。防衛省防衛研究所や、ワシントンの在米日本大使館の関係者もいたという。「日本側は戦略原潜の内部を訪れ、その能力を見て、核戦力の三本柱の一つについて理解を深めることができた。戦略原潜の太平洋側(キトサップ)と大西洋側(キングスベイ)の二カ所の拠点のうち、太平洋側を選んだのは、

「大事なことは，潜水艦の生き残り能力の高さを見せ，必要なときには使える核抑止力であると日本側に確信を持ってもらうことだった」とオンラインのインタビューで語る，ジェームズ・ズムワルト元国務次官補代理（著者撮影）

もちろん日本との関係がより深いからだった」と振り返る。

日本政府関係者は、艦内で核弾頭が搭載可能なＳＬＢＭトライデント2の発射管を見学した。発射管は巨大で、兵士たちが寝泊まりする居室のすぐそばにあったという。ズムワルト氏は「私だったら、居心地がよいとは思わないだろうが、艦内のスペースは限られているので、兵士たちは慣れなければいけない」と言った。

「大事なことは、潜水艦の生き残り能力の高さを見せ、必要なときには使える核抑止力であると日本側に確信を持ってもらうことだった。私たちは、必要ならば、日本を守るための準備ができていることを日本側に理解してもらいたかった」。ズムワルト氏は、秘密のベールに包まれた戦略原潜の内部を日本政府関係者に見せた狙いをこう語った。

日本政府関係者は、窓のない艦内を回り、複数の若い兵士らに質問を重ね、海中に潜行しているときの戦略原潜内での仕事や生活について理解を深めていった。

「兵士たちは狭い潜水艦内で、寝るときも、食べるときも、常に誰かと一緒にいる。他の乗組員に会わないのは、トイレにいるときくらいだ。プライバシーはなく、他の乗組員とチームとして仲良くやらなければいけない。『もう、あなたには飽き飽きしたから、離れたい』というわけにはいかない。だから、潜水艦の乗組員は特殊な環境で生活できる精神的な能力を備えているか、テストを受けている」。ズムワルト氏はそう言った。

アメリカ側は、戦略原潜は常時、太平洋に展開して警戒態勢をとっていると説明した。潜水艦が任務を終えて基地に戻ってくると、別の潜水艦が出港するといった具合で、切れ目がないことを強調したのだった。ズムワルト氏は、このときのEDDに参加した日本とアメリカの当局者の間で次のようなやりとりが交わされたことを覚えているという。

日本側「(太平洋の)海中にいる潜水艦を見つけるのは、どれくらい難しいのか」

アメリカ側「(アメリカの)潜水艦は静粛性に優れている。広大な海で潜水艦を見つけることは、ここワシントン州でホウキを見つけるようなものだ」

アメリカ側の軍人の一人はこんなふうに強調してみせたという。「私たちの仕事は海中で『見えない存在』(to be invisible)となり、常に即応できるようにすることだ」

ズムワルト氏は「複数の潜水艦が展開していれば、敵が同時に見つけることは事実上、不可能だ。このために潜水艦は必要なときに、いつでも即応できる。それが核心だ」と語った。そして、こう付け加えた。「このために潜水艦の乗組員は家族との通信も難しい。海の任務を終えて、基地に戻ってくれれば、休暇が与えられ、家族と過ごす時間を持つことができる」

キトサップ基地のすぐ隣には、日本の海上保安庁にあたる沿岸警備隊の基地があった。一行はそこも訪ね、潜水艦がどのように港に入り、停泊したのちに、港を離れていくかについて沿岸警備隊から説明を受けた。

「潜水艦は港に出入りするときは、海中を潜行しているので、居場所が知られることはない。しかし、港に停泊しているときは、海面から姿を現しており、(敵からの)攻撃に弱い。沿岸警備隊の任務は、潜水艦が出港するまでの間、守ることだ。このために海軍と沿岸警備隊はたくさんの調整や訓練を重ねている。両者が緊密に連携していることに、海上自衛隊の幹部は驚いている様子だった」

ただ、アメリカ側はこの日、核弾頭を日本側に見せることはしなかった。ズムワルト氏は言う。「私たちはその日、核弾頭を見ることはなかった。戦略原潜に関して秘匿されたものはあった。どのくらいのスピードで航行できるかといった情報もその一例だ。すべての能力を示す必要はない」。同盟国にさえ開示できない核の機密があったことを認めた。

原潜の元艦長が語る「核抑止」への疑問

キトサップ基地からわずか八キロほどのエリアに住む元アメリカ海軍大佐トム・ロジャーズさん（七五）は長い間、原子力潜水艦の指揮官として、核戦力の運用に携わった。一九六七年に海軍に入り、潜水艦部隊を志願した。途中、大学で機械工学の学位を取得し、一九七五年からソ連が崩壊した九一年まで戦術核を搭載した潜水艦に関わった。海軍の仕事で横須賀や佐世保、三沢、沖縄を訪ねたこともあったという。

だが、次第に「冷戦が終わったのに、アメリカはどうして冷戦期と同じように戦略核トライデント搭載の潜水艦を配備し続けるのか」との疑問を抱くようになった。核抑止についても「居心地の悪さ」を感じるようになったという。

ロジャーズさんは言う。「エンジニアとして専門的に携わるなかで、核兵器の性能についての技術的な詳細、爆発力、放射能や汚染被害などについて理解し、もしも核兵器が使われれば、人道的な大惨事が起きると認識した」

ロジャーズさんは一九九八年に三二年近く勤めた海軍を退役し、現在の場所に移り住むと、平和活動家の団体「グラウンド・ゼロ」に入り、核兵器に反対する運動に関わることになった。潜水艦の核戦力を知り尽くす元軍人に、いったい何があったのか。私は詳しく聞くことにした。

ロジャーズさんが現役時代に扱っていたのは、「サブロック」と呼ばれる攻撃型原子力潜水艦配備の核弾頭付き対潜ミサイルだった。射程五〇キロほどの戦術核で、ソ連が崩壊した一九九一年前後に廃止された。ソ連の潜水艦が戦時に(核搭載の)弾道ミサイルを発射しようとしたとき、敵の潜水艦をたたくための最終手段として使われる想定だった。

ロジャーズさんは、「サブロックは潜水艦内の魚雷発射管から発射するもので、常時数発を搭載していた。しかし、任務中はいつもその安全に気を配る必要があった。第一にこの兵器そのものを常に守らなければいけなかった。第二に兵器を扱う隊員を選別して、問題のある人物は絶対に近づけないことだった」と振り返る。

いざ命令を受ければ、核兵器を使わなければならない任務の倫理的な問題については、「サブロックは民間人が巻き込まれる可能性がある陸上の標的ではなく、海中の標的を狙うので、それほどの怖さはなかった。海中でも核兵器の使用は悪いことだが、標的が陸と海とでは(被害の大きさに)違いがあることはわかってもらえると思う」と話す。

だが、ロジャーズさんによると、サブロックの爆発規模は戦術核であっても一〇キロトン近くあり、広島型原爆の一六キロトンにほぼ匹敵した。「射程が五〇キロほどしかないので、(敵艦と)至近距離からの発射は爆発の衝撃が大きく、自殺行為になる恐れがあった。最小規模の核兵器であっても、核兵器は核兵器だ。最大規模の通常兵器と比べても、（威力は）まるで違うということを心にとめておかなければならなかった」と、当時の心境を語った。任務中は常に強い緊張を覚えていたという。

ところで、ロジャーズさんが募らせた核抑止への疑問とは何だったのか。その点をさらに問うと、まず挙げたのはアメリカが採用する「警報即発射」（ＬＯＷ）態勢への強い懸念だった。ＩＣＢＭの場合、敵の核ミサイル発射を示す警報が出ると、着弾する前に報復の核ミサイルを発射しなければならないというものだ。Use them or lose them（使うか、失われるか）という究極の選択を短時間で迫られる。

ロジャーズさんが続ける。「敵がＩＣＢＭを発射したという警報があれば、こちらのミサイルを失わないためには報復攻撃するしかない。ロシアからアメリカ本土までなら三〇分ほどで届いてしまうからだ。大統領は状況の説明を受けて、数分で決定を下さなければならない。外交的なやりとりをする時間などない。（情報の真偽について）チェックする時間もない。だから、間違いを犯す可能性も高く、そうなれば抑止は失敗する。核兵器は本質的に世界の存続を脅かす不安定なシステムであり、持つべきではないと考えるようになった。核抑止の有効性については非常に懐疑的だ」

「核兵器は本質的に世界の存続を脅かす不安定なシステムであり，持つべきではないと考えるようになった．核抑止の有効性については非常に懐疑的だ」と，オンラインのインタビューで語るトム・ロジャーズ元海軍大佐（著者撮影）

それでは、そうした核兵器が配備された基地の地元が抱えるリスクについては、どう考えるか。ロジャーズさんも、全米最多の核弾頭が配備されているキトサップ基地の近隣住民の一人だ。

ロジャーズさんは、「敵の核兵器による攻撃がおこなわれるリスク」と「自国の核兵器に関わる事故のリスク」の二つがあると指摘する。

攻撃されるリスクについては、率直に認めて、こう言った。「敵に核攻撃されれば、私たちはみんな死んでしまう。もしアメリカが相手の核兵器施設を狙って先制攻撃すれば、西海岸や東海岸の基地は真っ先に敵の標的になるだろう」と警告する。

事故のリスクについては、「潜水艦や陸上の施設に配備された核兵器の安全管理は高水準だと自信を持って言える」と話す。ただ、それでも「ヒヤリハット事案」はあるという。「数年前、整備中に（潜水艦の）ミサイル発射管にはしごが残され、発射管からミサイルを取り出すときに、はしごがミサイルの表面に刺さってしまったことがあった。破滅的な失敗になりかねなかった」と語った。

そうした運用上の具体的なリスクを踏まえて、現有のオハイオ級からコロンビア級原潜に更新する核兵器の近代化計画について、どう見ているのか。

ロジャーズさんは、「コロンビア級の一番艦の就役が二〇三一年とされているが、四〇年は使い続けるので、最初の退役は二〇七〇年ごろ、最後は八〇年ごろになりそうだ。私たちはそんなに先まで核兵器を持ち続けるべきではない、と考えている。潜水艦は一度造ったら、退役、廃棄させることは非常に難しい。海洋発射型の核兵器をこれから六〇年も配備し続けるのか。巨額な金の無駄遣いだ。私は自分の孫やひ孫のためにそうさせたくない」と語った。

「真っ先に狙われる」基地周辺住民の懸念と、無関心の現実

ロジャーズさんが参加している平和活動家の団体「グラウンド・ゼロ」が設立されたのは一九七七年のことだ。核弾頭搭載可能なトライデントを搭載した潜水艦の入港を止めようと、抗議活動を展開した。初期から活動に関わり続けている中心メンバーのグレン・ミルナーさんによると、核弾頭を列車で運び込んでいたことにも団体が抗議活動を展開すると、印をつけないトラックで運ばれるようになった。

だが、一九五〇年に七万人余りだったキトサップ郡の人口は二〇二一年、二七万人超と増加の一途をたどる。三万三〇〇〇人超の軍人・軍属に加え、七五〇〇人の軍事産業関係者がキトサップ基地で就労し、基地は郡で最大の雇用先となっている。地元メディアによると、戦略原潜が配備された際には、学校や高速道路の建設などで連邦政府の手厚い補助があったという(9)。軍産複合体と地元の政治・経済の強い結びつきがここにもあった。

グラウンド・ゼロは近年も、広島や長崎の原爆の日など定期的に反核デモを続けているが、参加者は二〇人ほどにとどまる日が多くなった。ミルナーさんは「冷戦期の一九八〇年代はみんなが核戦争の心配をしていたが、冷戦が終わり、多くの人が気にしなくなった。シアトルの都市住民や、若い世代には潜水艦基地の存在さえ知らない人も少なくない」と嘆く。ミルナーさんは「核の撃ち合いになれば、真っ先に狙われる。事故が起きても核物質が拡散して大惨事になる」と、危機感を募らせている。

第 4 章

「核兵器近代化計画」の誕生

――オバマ政権――

チェコのプラハで演説し，「核兵器のない世界」の理念を語ったアメリカのオバマ大統領(2009 年 4 月 5 日，ロイター/アフロ)

「核兵器のない世界」

二〇〇九年四月、アメリカのオバマ大統領（当時）はチェコの首都プラハで演説し、「核兵器のない世界」という目標に向けた政策を語った。一方で、その目標は「すぐには到達できない」との認識を示し、「核兵器が存在する限り、敵を抑止するための効果的な核戦力を維持する」と述べた。

「アメリカは核兵器を使ったことがある唯一の核保有国として、行動する道義的責任がある。核兵器のない世界の平和と安全保障を追求するという約束を表明する」とうたい上げた直後、このように語っていた。「この目標はすぐに到達できるものではない。おそらく私が生きている間にはできないだろう。忍耐とねばり強さが必要だ。アメリカは、核兵器のない世界を目指して具体的な方策を取る。ただし核兵器が存在する限り、敵を抑止するための効果的な核戦力を維持する。同盟国にその戦力による防衛を保証する。一方、アメリカの核戦力を削減する努力を始める」

オバマ政権はちょうどその一年後の二〇一〇年四月、アメリカの中期的な核政策の指針となる「核態勢見直し」（NPR＝Nuclear Posture Review）を発表した。この中でもゲーツ国防長官（当時）は「核兵器のない世界」に向けて、「今、具体的な措置を取り始めなければならない」とする一方、「核兵器が存在する限り、敵を抑止し、アメリカや同盟国の安全を守るため、安全で効果的な核戦力を維持する」という方針を再確認した。

このNPRでは、アメリカは核兵器不拡散条約（NPT）を順守する非核保有国に対しては核攻撃も、攻撃をすると脅すこともしないと宣言した。

核兵器の使用については、アメリカや同盟国の重大な利益を守るため、「極限の状況」に限って検討すると表現した。核兵器を保有する目的を、アメリカや同盟国に対する核攻撃の抑止に限定する「唯一の目的」の宣言は見送り、将来的にそうした宣言が採用できるような環境が整うよう努めるという考えを示した。

NPRは「安全で効果的な核戦力の維持」に向けて、新たな核弾頭開発をしないこととし、冷戦期に艦船に配備されていた核弾頭搭載型巡航ミサイル・トマホーク（TLAM-N）の退役などを打ち出した。一方で、前章までに紹介した大陸間弾道ミサイル（ICBM）、戦略爆撃機、潜水艦発射弾道ミサイル（SLBM）の核戦力三本柱については「維持すべきだ」と結論づけた。

同盟国に対する「核の傘」の提供について、「アメリカの拡大抑止の信頼性や有効性を確かなものにするために、同盟国と協議する」と明記した。

ＩＣＢＭについては当時、四五〇基のミサイルに各一～三発の核弾頭が搭載されていたが、一発ずつにする単弾頭化を進めるとした。一方、ＳＬＢＭ搭載の戦略原子力潜水艦については、搭載核弾頭数を変えることなく、主力のままで位置づける方針を示した。戦略爆撃機については当時、保有していた七六機のＢ52と一八機のＢ２のうち、Ｂ52の一部を通常弾頭を搭載する任務に切り替えるとしたが、その有用性を強調した。

ＮＰＲはまた、ＩＣＢＭの警戒態勢や戦略原潜の洋上展開の比率を減らす可能性について検討したが、再び警戒態勢に入る前に敵に攻撃させる動機を与えかねないなどとして、現状維持を決めた。一方、戦略爆撃機を冷戦期のような常時警戒態勢に戻すことは、他の二本柱の警戒態勢が維持されれば、不要との見解を示した。

こうした重要な核戦略の発表を経て、オバマ大統領とロシアのメドベージェフ大統領は二〇一〇年四月八日、プラハで両国の戦略核弾頭数をそれぞれ一五五〇発以下に削減する新戦略兵器削減条約（新ＳＴＡＲＴ）に署名した。ＩＣＢＭ、戦略爆撃機、ＳＬＢＭの運搬手段については、配備を各七〇〇、未配備も含めた総計は各八〇〇までと定めた。削減の相互検証や査察も義務づけ、発効後一〇年間有効とされた。条約は、一九九一年に署名され二〇〇九年に失効した第一次戦略兵器削減条約(START1)を継ぐものだった。

条約批准と引き換えに核兵器の近代化約束

だが、二〇一〇年の年末、この条約の行方に暗雲が立ちこめた。アメリカでは条約の批准に上院(定数一〇〇)の三分の二以上の賛成が必要だが、直前の中間選挙で躍進した野党・共和党の有力議員が批准の承認を拒否する意向を示していたのだ。

その中心人物で、共和党保守派で強い影響力を持つジョン・カイル上院議員(当時)が取材に応じ、こう振り返った。

「オバマ政権は、米ロの核弾頭と運搬手段の数を制限する新STARTは平和を維持する最善策だと考えていた。私はオバマ政権側に、『核兵器の近代化計画を進めると約束するなら、条約をつぶすことはしない』と伝えた。核兵器の近代化は(ロシアや中国に)大きく遅れをとっていた。私は核兵器の開発や維持を担う国立研究所や軍幹部らと議論を重ね、高度な兵器を常に使える状態にしておく必要があると考えた」

三〇年間で一兆ドル以上を投じるアメリカの核兵器の近代化計画を最初に承認したのは、オバマ政権だった。計画は具体的にどのようにして動き出したのか。

アメリカ政府の複数の元高官らによると、それは二〇一〇年一二月にさかのぼる。ホワイトハウスのシチュエーションルーム(危機管理室)に、オバマ大統領やゲーツ国防長官、クリントン国務長官をはじめ政府高官と、共和党のカイル上院議員ら十数人が集まり、ある合意を交わした。

オバマ氏は、新START批准を議会で認めてもらうのと引き換えに、核兵器の近代化を誓約する文書への署名に同意した。誓約書には、「私は、戦略爆撃機とICBM、SLBMの三本柱を近代化する方針だ」と明記されていた。核兵器の近代化計画が動き出した瞬間だった。

アメリカの上院は同じ月に、新STARTの批准を賛成多数で承認した。カイル氏は「オバマ氏らは近代化に反対ではないが、最優先課題というわけではなかったはずだ。政権が近代化に同意しないなら、条約に反対するよう共和党の同僚議員に求めたからこそ、オバマ政権は近代化の協議に応じたと思う。条約をつぶそうと思えばできたが、近代化の約束を取り付けるほうが重要だった。同僚議員には条約批准反対は求めなかった」と語った。

オバマ氏が目標に掲げた「核兵器のない世界」について問うと、カイル氏は「そんなものはファンタジー(幻想)だ。核兵器は現実に発明され、発明されたものをなくすことはできない」

取材に対し，「私はオバマ政権側に，『核兵器の近代化計画を進めると約束するなら，条約をつぶすことはしない』と伝えた」と語り，「核兵器のない世界」について，「そんなものはファンタジー（幻想）だ」と一蹴したジョン・カイル元上院議員（米上院 HP から）

と一蹴した。そして、せきを切ったように話し始めた。

「核兵器をつくることはそれほど難しくなく、多くの国が持っているか持とうとしており、世界を危険にさらしている。核兵器のない世界がより良い世界なのは間違いないが、人間が自己の利益のために核兵器を求め続けないと考えるのは幻想だ。だからこそ、アメリカのような国は、どの国も戦争などを始められないような能力があることを明確にしておかなければならない。アメリカはロシアや中国と同じように、三本柱のすべてを持っておかなければいけない。たとえば、ＩＣＢＭなどどれか一つでもやめてしまえば、はるかに脆弱になり、敵の攻撃を招く恐れがある」。典型的な核抑止論だった。

ロシアとの新ＳＴＡＲＴの交渉を主導したローズ・ゴットメラー国務次官補（当時、後に国務次官）はそのときのことをこう振り返る。「超党派の良きリーダーだったバイデン副大統領（当時）は、オバマ氏から条約の批准を任され、毎日のようにホワイトハウスや連邦議会で上院議員らと会い、注意深く話を進めていた。バイデン氏は条約の重要性を訴える一方で、議員らが懸念していた核兵器の状態の悪化、近代化への投資や弾頭の素材生産のための新施設建設の必要性に耳を傾けていた。実際のところ、オハイオ級原子力潜水艦も、B52戦略爆撃機も長い間、使われ続けていて、近代化しなければいけない時期に来ていた。重要なことは、これはアメリカの核戦力の拡張ではなく、更新ということだった。ロシアは核兵器の近代化をすでに進めており、アメリカの老朽化した核兵器の近代化は待ったなしだった。だが、新STARTは運搬手段の配備を七〇〇までと定めており、条約の枠内でおこなうということだった。バイデン氏はその年のクリスマス休暇までに、上院で条約批准の承認を得るために力を尽くした」

オバマ政権で核政策担当特別補佐官を務め、誓約書の作成にも関わったジョン・ウォルフスタール氏にも話を聞いた。「カイル氏らは、ブッシュ(子)政権が核近代化に資金を投じなかったことを懸念していた。私たちは、(ブッシュ政権が)イラク戦争に巨額の戦費をかけるより、核戦力を安全に効果的に維持するための近代化に予算を振り向けるべきだった、という点では一致していた」と振り返る。

オバマ氏は前年のプラハ演説で「核兵器のない世界」を訴えたが、「おそらく私が生きてい

オンラインでのインタビューに，「核抑止力は，さらなる核の削減とゆくゆくは核廃絶をめざす目標とつながっていけなければならない．それがアメリカの核政策の核心だ」と語るローズ・ゴットメラー元国務次官（著者撮影）

る間にはできないだろう」とし、「核兵器が存在する限り、敵を抑止するための効果的な核戦力を維持する」と表明した。「核抑止力の維持」という基本方針は、アメリカの歴代政権と変わらなかったのだ。

核抑止と核軍縮の両立

ウォルフスタール氏は「オバマ氏の核兵器なき世界（の目標）と、核兵器の維持の両方を求める演説が新しいとは思わない。直前のブッシュ政権が軍縮に関心を示さず、軍拡競争を終わらせようとするＮＰＴの下でのアメリカのコミットメントにも背を向けていたので、新しく響いただけだ」との見方を示した。この点について、ゴットメラー氏も「核抑止力は、さらなる核の削減とゆくゆくは核廃絶をめざす目標とつながっていなければならない。それがアメリカの核政策の核心だ」と語り、核抑止と核軍縮は両立して進めるべきものだと強調した。

ウォルフスタール氏によると、誓約書の作成には、自身のほか、バイデン氏の顧問を務めたブライアン・マッキーオン氏や複数の国防当局者が関わったという。

ウォルフスタール氏は「共和党議員はあのとき、オバマ氏の譲歩を引き出したという印象を広めようとしたが、我々にとって（誓約書の作成は）難しいことではなかった。オバマ氏は三本柱の維持と近代化を完全に支持していたからだ。オバマ氏が核廃絶をできる限り早くしたがっているというのは、共和党の反対派がつくりあげたイメージだ。オバマ氏は『アメリカ生まれではない』などと言ったのと同じ面々だ」と語った。

「オバマ氏があと四〇～五〇年は生きるとすれば、現有の核兵器を配備し続けることは難しく、更新が必要だ。では、何を、どのくらいの数、どのくらいの予算をかけて維持していくのか。それが大統領や議会が考えなければならないオープン・クエスチョンだった」

「日米拡大抑止協議」開始、変わる同盟

日本とアメリカの外務・防衛当局者が「核の傘」をめぐる政策などを話し合う「日米拡大抑止協議」（EDD）を始めたのは、二〇一〇年二月のことだった。オバマ大統領がプラハ演説で「核兵器のない世界」を掲げたことに、日本政府側から不安の声が上がっていた。アメリカ政府側がそうした不信を払拭するため、核戦力の現場を見せ、核戦略についても深く知ってもら

おうとしたのだった。

ＥＤＤは、日本とアメリカの持ち回りで年一〜二回開催された。日本は東京都内の外務省施設などだったが、アメリカは首都ワシントンではなく、第3章で紹介したオハイオ級戦略原子力潜水艦の拠点であるキトサップ海軍基地(ワシントン州)のほか、ＩＣＢＭや戦略爆撃機の拠点であるマイノット空軍基地(ノースダコタ州)、ＩＣＢＭの発射実験がおこなわれるバンデンバーグ空軍基地(カリフォルニア州)、新型の核兵器性能実験をおこなうエネルギー省サンディア国立研究所(ニューメキシコ州)など核戦力の現場を選んだ。

二〇一三〜一四年、オバマ政権の国務次官補代理(日本・韓国担当)として、ＥＤＤに計三回参加したジェームズ・ズムワルト氏が明かす。「アメリカが『核兵器のない世界』という目標に向けて取り組む一方で、敵が核兵器を持っているなかで、どのように抑止力や戦力を維持していくのか。それが日本側の大きな疑問だった。このため、アメリカ側は国防総省や国務省の担当者が参加し、核兵器の(近代化計画などによる)抑止力の維持を説明し、そのうえで核兵器削減に向けた軍備管理交渉にどう取り組むかを話した」

ズムワルト氏が続ける。「日本が攻撃されれば、(「核の傘」を提供する)アメリカは日本を防衛すると約束している。ただ、さまざまな状況に具体的にどう対応するのか、日本側はより多くの情報を求め、理解したがっていた。アメリカ側からすれば、日本はアメリカを信用しているにしても、アメリカの核政策やドクトリン、能力について理解が不足していれば、疑念が生じかねず、より透明性を持つことが必要だと考えた」

ズムワルト氏によると、アメリカ政府がEDDでめざしたのは、日本側に核戦力を開示することと、核兵器に関してどのような状況で何をするかというドクトリンを理解してもらうことだった。

核戦力の開示に関して、日本側は核戦力の能力の高さや必要とされる予算額に強い印象を受けている様子だったという。

ドクトリンについて、日本側は「アメリカ側が意思決定について日本にどう知らせるか」「日本はその意思決定に加わるのか」「日米間の意思疎通はどのように図るか」などに強い関心を示し、両国間で多くの議論を交わしたという。

その具体策として、日米はEDDのなかで、核攻撃への対応を含む机上演習も実施した。

「核の危機が起きれば、悠長な議論をしている時間はなく、スピードが求められる。だから机上演習の要点は、いかにアメリカと日本の間の意思疎通を迅速におこなうか、だった。詳しいことは言えないが、アメリカ側が日本にいかに情報を伝達し、日本側がどう意見を表明し、アメリカの意思決定に組み込むかといったことが議論の中心だった。アメリカ側にとっても、日本と情報を交わせば、日本がある特定の状況でどう対応するかを理解することはとても参考になり、相互に有益な机上演習だった」。ズムワルト氏はそう振り返る。

北大西洋条約機構（NATO）に加盟するドイツ、イタリア、ベルギー、オランダ、トルコの五カ国には、アメリカの核爆弾B61が配備され、有事の際には自国の戦闘機で運搬して使う「核共有」の仕組みがある。

ズムワルト氏は「アメリカがNATOとの間でやっている（核兵器の）共有についても説明し、（日本側と）議論をした」と明かしたうえで、「東アジアにそうした能力を置くことは一度も話していない。日本には（「核を持たず、作らず、持ち込ませず」とした）非核三原則があり、日本側から依頼されたこともないので、アメリカが日本領内に核兵器を置くことはなく、そうした話は一度も議題に上がっていない」と語った。

また、核兵器の実際の使用に関わる情報は機密が多く含まれるため、アメリカ側が日本側にそうした機密情報を提供した場合、どのように情報を保護するかについても話し合ったという。

核能力維持のコスト

ズムワルト氏は核関連施設の訪問について、別のエピソードも話してくれた。二〇一四年六月、新型の核兵器性能実験をおこなうサンディア国立研究所でのEDDに参加したときのことだ。

「核兵器の研究をしている施設を訪れ、我々がいかに能力や即応性を維持しているかを日本側に説明した。アメリカは常に核兵器の近代化や実験を繰り返しているので、そうした能力を維持するのに、どれだけのコストがかかっているか、日本側は十分に知らなかったと思う。日本側にとって、研究に関わる科学者と会う良い機会となった」

日米の参加者は研究所を訪問中、カリフォルニア大学バークレー校で核物理学の博士号を取得した三〇歳くらいの若い科学者の一人と話をする機会があった。

日本側の参加者が「どうしてサンフランシスコのエリアから、ニューメキシコまで来て仕事をしようと思ったのか」と尋ねると、その科学者は「大学院で学んだ知見は価値が高く、民間企業に入れば、はるかに多くのお金が稼げる。でも、サンディアでは世界のどこにもない最先端の研究ができるので、ここに来ようと考えた」と答えたという。

ズムワルト氏は「日本側にとっては、核の能力を維持する人間に出会い、彼らのモチベーションがどこから生まれ、どんな問題を抱えているかを知るのに役立つ。また、そうした能力を維持するため、多くの科学者がアメリカ政府に雇用され、非常に高額な予算がかかっていることを知るのも興味深いものだっただろう」と付け加えた。

アメリカ側にとっては国防予算が厳しいなかで、核兵器の開発や維持などに必要な人的資源やコストを説明し、同盟国にさらなる負担を求める狙いもあったとみられる。

ズムワルト氏はＥＤＤを総括し、こう語った。「オバマ政権は、アメリカの政策決定プロセスのなかで、同盟国が安心できるよう、同盟国との意思疎通をより良くすることが必要だと考えていた。机上演習では、さまざまな状況で両国がどう意思疎通を図り、対応するかに主眼を置いたので、アメリカ側から国防総省や国務省、国家安全保障会議（ＮＳＣ）などの主要省庁の代表が参加し、日本側も同様に主要省庁が全て参加することが重要だった」

アジアにシフトするアメリカの核戦略

ズムワルト氏は、現在のＥＤＤについて詳しくはわからないとしつつ、このような見方を示した。「我々が強調した点の一つは、核の危機の際は、迅速な決定が求められるので、国会で議論するような時間はないということだった。日本はその後、首相官邸に権限を集中させ、

（より迅速に対応する）能力が上がっているはずだ。（オバマ政権）当時はＥＤＤの議論の中心はロシアだったが、今は中国の核戦力が以前よりもはるかに大きくなり、中国についての議論が増えているだろう」

アメリカは日本とほぼ同じ時期の二〇一〇年、東アジアでアメリカの「核の傘」の下にいるもう一つの同盟国の韓国とも、「拡大抑止政策委員会」の設置に合意し、日本と同様の協議を始めた。「核兵器のない世界」を掲げたオバマ政権に対し、韓国も「核の傘」の維持を求めた。北朝鮮の核の脅威に対抗する手段を探る机上演習の実施でも合意[1]。拡大抑止政策委員会は二〇一一年三月に初めて開催された。

ズムワルト氏は、「抑止力は同じであり、日韓で政策の違いはない。三カ国で拡大抑止協議ができればいいと思う。三カ国がお互いに考えもしなかった質問をしたりすることで、共通の理解を持ち、それぞれの意見に耳を傾けられるようになれば素晴らしいのではないか」との期待を寄せた。

日本政府は、日米がＥＤＤなどの場で、核兵器をめぐってどのようなやりとりをしてきたのかは秘密だとして、ほとんど明らかにしていない。ズムワルト氏が取材に明らかにした内容は、核兵器について日本の国民が理解を深め、議論をするうえで前提となる重要な基礎情報を含んでいると思う。

元外務省軍縮・不拡散専門官の西田充《みちる》・長崎大学教授はこうした公的な議論の重要性を指摘したうえで、背景をこう解説する。

「冷戦時代はアメリカとソ連がグローバルパワーで、欧州方面が一番の懸案だった。EDDが始まったことは、アメリカの核戦略がアジアにシフトしてきたことを示している。そして今、中国の核戦力が向上し、日本が当事国として核兵器をめぐる問題にあたる必要性がかなり高まっている」

西田教授はそのうえで、こう提案する。「EDDは、アメリカの核の拡大抑止の信頼性を日本が確認することから始まった。これからはその議論を超えて、日米が中国や北朝鮮の核にどう対峙するかを考えるために、抑止だけではなく、軍備管理や信頼醸成もテーマに議論したら良いと思う」

核の「先行不使用」宣言断念

オバマ政権は二期目に入ると、「核兵器のない世界」に向けて、核軍縮の具体的な成果を出そうとした。

オバマ大統領は二〇一三年六月一九日、ベルリンで演説し、ロシアとの新STARTで定められた戦略核弾頭の配備数の上限一五五〇発を最大で三分の一削減し、一〇〇〇発程度にする核軍縮案を表明した。また、欧州に配備する非戦略核（戦術核）の大幅削減についても、NATOと協力して取り組む考えを示した。核弾頭の配備水準としては、「三〇〇〜四〇〇発」「七〇〇〜八〇〇発」「一〇〇〇〜一一〇〇発」の三つの選択肢があったとされるが、最も現実的な「一〇〇〇〜一一〇〇発」を選んだのだった。

また、国防総省はベルリン演説と同じ日に核運用戦略報告を公表した。「アメリカは核攻撃で民間人や民間施設を故意に標的にはしない」としたほか、「極限の状況で、アメリカや同盟国にとって不可欠な利益を守るためにのみ核使用を検討する」とした。長期目標として「核攻撃を抑止するためにのみ核を使う」との方針を掲げた。

オバマ氏はベルリン演説で「核兵器のない世界」に向けて、「我々にはやるべき仕事がまだある」と述べた。しかし、その後の核軍縮の取り組みは停滞するばかりだった。

たとえば、戦略核の最大三分の一削減は実現しなかった。オバマ政権の一期目に核軍縮・不拡散を担当するホワイトハウス調整官を務めたゲーリー・セイモア氏は、私の取材に応えて「オバマ氏は米ロの戦略核弾頭を一〇〇〇発程度まで減らしたかったが、ロシアは応じなかった」と振り返った。ロシアはアメリカが進めていたミサイル防衛（ＭＤ）の能力を維持する限り、戦略核の削減には応じられないという姿勢を示していたが、北朝鮮の弾道ミサイル開発などが続くなかで、アメリカはＭＤ能力を制限することはできなかったという。

射程五〇〇キロ以下の戦術核についても、大幅削減は進まなかった。その当時、アメリカが欧州に約二〇〇発を配備していたとされるのに対し、ロシアは約二〇〇〇発を保有しているとみられていた。戦略核が「抑止力」として配備されているのに対し、戦術核は「使える核」として位置づけられている。ロシアは二〇一四年にウクライナ南部クリミア半島の併合を一方的に宣言し、プーチン大統領はその後、欧米に対抗するため、核兵器を臨戦態勢に置く可能性があったことを認めた。ロシアと国境を接する東欧諸国などが安全保障上、アメリカの戦術核の存在を重視していたことも大きかったとみられる。

前述のウォルフスタール氏によると、オバマ氏は任期中に「核兵器なき世界」の理念に道筋をつける核政策を模索し、核戦力の三本柱の一つであるＩＣＢＭ四五〇基のうち一五〇基を退役させる検討もおこなったが、実現はしなかった。

オバマ氏はまた、核攻撃を受けない限り核兵器は使わないとする「先行不使用」宣言の検討も指示したが、国務省や国防総省、インテリジェンス機関の高官らのほか、同盟国から強い懸念が出て、断念した。当時の複数のアメリカ政府高官によると、アメリカのメディアが二〇一六年、宣言検討を報じると、アメリカの「核の傘」の下にいる日本政府の高官も強い懸念を示した。

当時の高官の一人によると、特に強く反対したのは、アシュトン・カーター国防長官だった。そうした宣言をすることで、ロシアや中国、北朝鮮などが先制攻撃をしやすくなる、同盟国の間で「アメリカが守ってくれる」という信頼が損なわれて、自国の核戦力を増強したり、独自の核武装に向かったりする恐れがある――との懸念を示した。ジョン・ケリー国務長官も同盟国が懸念するとして反対を表明したという。

この高官は、「日本を含む同盟国は、アメリカが同盟国に相談することなく、宣言を決定することを懸念していた。我々は大統領の意向を知る前に同盟国に相談することはできなかったが、オバマ氏は同盟関係を重視し、同盟国の意向を強く尊重していた」と語る。

当時、核不拡散担当の国務次官補だったトーマス・カントリーマン氏は「オバマ氏は二〇一六年、宣言が有用か検討するよう求めてきた。しかし、政権内だけでなく、日本など同盟国から、アジアや欧州におけるアメリカの関与を弱めるという反対意見が出て、オバマ氏は決定を見送り、次期政権に判断を委ねた」と、私に証言した。

オバマ政権の「先行不使用」宣言の断念は、ＥＤＤなどを通じて同盟国・日本の意向がアメリカの核政策に一定の影響力を持つようになったことを示す一例とみられている[2]。

現職のアメリカ大統領として初の広島訪問

オバマ氏は二〇一六年五月二七日、アメリカの現職大統領として初めて被爆地の広島を訪れた。平和記念資料館を見学し、原爆死没者慰霊碑に献花した。その後の演説で、「私の国のように核を保有する国々は、恐怖の論理にとらわれず、核兵器なき世界を追求する勇気を持たなければならない」と述べた。直後に「私の生きている間に、この目標は実現できないかもしれない。しかし、たゆまぬ努力によって、悲劇が起きる可能性は減らすことができる。私たちは核の根絶につながる道筋を

現職大統領として初めて広島を訪れ，平和記念公園での献花に臨むオバマ大統領（2016年5月27日，AP/アフロ）

示すことができる」と語った。被爆者を抱き寄せた映像は、世界中にニュースとして報じられた。

オバマ氏の広島訪問に高官として関わったウォルフスタール氏は、自身が「大統領に広島訪問を提案した一人だ」と明かしたうえで、「最大の障害は、日本で核兵器を使用したことについて、オバマ大統領に公式に謝罪を求める圧力が生まれる懸念だった。そのことは、アメリカ国内の(政治)問題につながると考えた」と振り返った。

アメリカのピュー・リサーチ・センターが前年の二〇一五年に実施した調査で、「原爆使用は正当だったか」との質問に、アメリカ人の五六%が「正当だった」と答えた。戦後七〇年たっても、過半数の人が原爆投下を支持していた。それが第二次世界大戦を終わらせ、アメリカ人、そして日本人の命まで救ったという考えが根強いためだ。

オバマ大統領が公式に謝罪を求められるような事態になれば、日米関係にとってもマイナスであるため、「招かれざる客」にならないよう細心の注意を払ったという。ウォルフスタール氏は「我々は、大統領の広島訪問が日本で好意的に受けとめられ、アメリカ国内でも障害にならないことを確信する必要があった。結果として、そうした懸念は完全に杞憂に終わり、アメリカ国内での反対意見はそれほど目立たなかった」と言う。

前年の二〇一五年八月、広島、長崎の原爆の日の式典に国務次官として出席したゴットメラー氏は、取材に「被爆者と話をしてみて、必要のない破壊によって多くの人が命を落とし、放射能の影響を受けたことが心に残った。子ども時代に経験した人もいた。彼らの話は非常に鮮明で、意義深かった」と振り返る。そのうえで、「参列したケネディ駐日大使(当時)と私は訪問について、広範な報告書をオバマ大統領に書いた。それが、オバマ氏自身が広島訪問を決める重要な要因となった」と明らかにした。「広島訪問を通して、オバマ氏は核軍縮が優先課題であることを示そうとした。日本人や被爆者への敬意を示しただけでなく、アメリカは核軍縮の目標に取り組むという強いメッセージを世界に送ることができた」

就任した年のプラハ演説で「核兵器のない世界」という目標を表明したオバマ氏は一方で、巨額の予算を投じて核兵器の近代化計画を始め、核軍縮は思うように進まなかった。そうしたなかで、任期最後に近い広島訪問には、その目標や理念を国内外に強く印象づける狙いがあった。

第 5 章

「使えない核兵器」から「使える核兵器」へ

――トランプ政権――

米カリフォルニア州のバンデンバーグ空軍基地から発射実験で打ち上げられたICBMミニットマン3．模擬弾頭をつけて約6700キロ飛行し，太平洋のマーシャル諸島周辺に落下した(2020年2月5日，提供：Senior Airman Clayton Wear/U.S. Air Force/アフロ)

ＩＣＢＭ発射実験に立ちあう

私がアメリカの核戦力の現場を最初に取材したのは、トランプ政権下の二〇二〇年二月五日、カリフォルニア州のバンデンバーグ空軍基地でおこなわれた大陸間弾道ミサイル（ＩＣＢＭ）の発射実験だった。

「首都ワシントンで国防総省を担当していた私はこの一カ月前、空軍の関係者から「ＩＣＢＭの発射実験を現地で取材しないか」という打診を受けた。日ごろ、アメリカの核戦略を取材し、記事を書いていた私は、核戦力の現場を自分の目で見て、当事者に話を聞けるチャンスと考えて、申し込むことにした。

私はこの直前、中東のペルシャ湾で、アメリカ海軍などが参加する「有志連合」の活動実態を伝えるため、海軍艦艇に乗り、同行取材をしていた。二〇一九年六月、日本の海運会社が運航するタンカーがホルムズ海峡付近で攻撃を受けたことなどをきっかけに、トランプ政権が翌七月に「有志連合」の結成を呼びかけ、一一月からイギリスやオーストラリアなど六カ国とともに、ペルシャ湾などで艦艇や航空機による警戒・監視活動を始めた。

トランプ政権はその前年の二〇一八年五月、イランの核開発を大幅に制限する多国間の合意から一方的に離脱した。この核合意は、オバマ政権下のアメリカをはじめ、イギリス、ドイツ、フランス、中国、ロシアがイランとの間で築いたものだった。イランは核兵器不拡散条約（NPT）にとどまり、合意を順守してきたが、トランプ政権はオバマ政権の業績を「悪い取引」と否定し、反イラン・親イスラエルの国内の保守派の支持を得る狙いもあり、離脱に踏み切ったのだった。

アメリカとイランの関係は緊張し、この「有志連合」は「イラン包囲網」の動きと受けとめられていた。

バーレーンの首都マナマにあるアメリカ海軍基地に戻ると、乗り継ぎを含め丸一日以上かけてアメリカ西海岸のロサンゼルス国際空港まで飛んだ。そこからレンタカーで四時間かけて北上し、バンデンバーグ空軍基地をめざした。

当日の朝、集合場所に指定された基地のゲートに向かうと、国防総省詰めの軍事記者や、ニューヨーク・タイムズの基地担当記者などアメリカメディアの記者五人ほどの姿があった。外国人記者は私一人だった。

参加していた軍事専門のオンラインメディアによると、地元メディア以外の記者がＩＣＢＭの発射実験の現場に立ち入るのはわずかに二度目ということだった。外国メディアの記者にとってめったにない機会であることは間違いなさそうに思えた。

私たちは実験前に二日間にわたり、朝から夕方まで広大な基地内をバスで回り、ＩＣＢＭの発射実験をおこなう施設を見学し、軍の説明を受けた。そして二日目の深夜、寒空の下、野外で発射実験の瞬間を見守った。

午前〇時半。太平洋に面した約四万ヘクタールのバンデンバーグ空軍基地上空の暗闇に光が差し、「ドーン」という重低音が響いた。オレンジ色の「火の玉」がゆっくりと上空に上がり、月の近くで小さな点になると見えなくなった。その瞬間、トルティーヤチップスをつまみ、ホットココアやコーヒーをすすりながら見守っていた米空軍やエネルギー省、軍事産業の関係者や家族ら数十人の見学者から歓声があがった。

アメリカ空軍によると、このときに発射されたＩＣＢＭ「ミニットマン３」は模擬弾頭をつけて約六七〇〇キロ飛行し、約三〇分後に太平洋のマーシャル諸島周辺に落下した。空軍は声明で「アメリカと同盟国の安全保障のため、強力な核抑止力を示す」と実験の意義を強調した。

そして、こうも付け加えていた。「ミニットマン３は老朽化しており、耐用年数の範囲やもっと先までの間、アメリカの核抑止力を信頼できるものにするため、近代化計画が不可欠だ」

冷戦中、アメリカと旧ソ連は、膨大な数の核兵器開発を競い合った。「一方が敵に対し、あらかじめその行為が報復を招き、高くつくことを示すことで、攻撃を思いとどまらせる」という核抑止の理論がそれを正当化してきた。ICBMは遠く離れた敵国の軍事施設や都市などを攻撃し、戦争をできなくすることを目的とした「戦略核兵器」に分類される。

ミニットマン1は一九六〇年代初めに配備された。一九九一年七月、アメリカとソ連が第一次戦略兵器削減条約(START1)に調印し、同じ年の一二月にソ連が崩壊したことで、アメリカはミニットマン2の廃棄を進めた。

現行のミニットマン3は三段式の固定燃料を使用し、射距離は九六〇〇キロ以上に及ぶ。三発の核弾頭を搭載できるが、一発ずつしか載せないようにする単弾頭化を進め、オバマ政権は二〇一四年に作業を終えた(1)。現在は、モンタナ、ワイオミング、ノースダコタ各州の三空軍基地を拠点とする固定式の地下サイロに計四〇〇基が実戦配備されている。

この日は、バンデンバーグ空軍基地で年に数回おこなわれている発射実験の一つだった。モンタナ州のマルムストローム空軍基地と、ノースダコタ州のマイノット空軍基地の部隊が支援をしていた。核戦力を運用する米軍部隊の訓練とあって、緊張して取材に臨んだ。だが、その現場は不適切な表現かもしれないが、まるで昔懐かしい、真冬の花火大会のような雰囲気で、拍子抜けした。

発射実験の全体計画

私たちは初日、バンデンバーグ空軍基地内の施設地下にある「ミサイル発射管理センター」を訪れた。第1章ではモンタナ州の別の基地にあるセンターの訓練施設を紹介したが、こちらは本物だった。

ミサイル発射の最終コントロールを担う重要施設は、エレベーターで地下深くまで降りた先にあるカプセルのような密室だった。室内に入ると、ミサイラーと呼ばれる空軍の発射担当者の男女が二人一組でモニターに向き合っていた。

マルムストローム空軍基地のICBM部隊所属のクレア・ウォルド中尉は「発射まで秒読みの間、スイッチに常に手をかけている。全てのスイッチを同時に正確に回さなければならない」と話した。

ウォルド中尉によると、ミサイラーは六時間に一回、「生存確認」を求められる。すぐ反応しなければ「死亡」と見なされ、緊急チームが派遣される。誤射を防ぐため、人間のオペレーターの指示がなければミサイルは発射できない。作戦に使われるのは、グリニッジ標準時だ。米本土は東西で三時間の時差があるため、標準時を使っている。「何時に作戦が遂行されるか、誤解を招かないためだ」と言った。

「何も起きていなければ、本を読むとかして、他のことを考えるようにして、気を紛らわせている。それで、集中して対応しなければいけないことが起きれば、必要な手順の確認をする。だから、いつだって二人一組なのよ。一人では絶対に判断してはいけないという決まりがある。二人一組でよく話し合い、安全で正確であることが最優先される」と説明した。

警戒態勢が上がると、ミサイラーには頑丈なシートベルトの着用が義務づけられる。「この地下室は敵から攻撃を受けても残存できるように造られている。カプセルの四方にあるシリンダーが衝撃を吸収する。化学兵器の攻撃を受ければ、緊急システムが作動して、カプセルは密閉され、空気が自動的に流れ込む仕組みになっている」と話した。

ウォルド中尉とペアを組んでいたミッチェル・ネアン中尉に、発射スイッチを回すときの気持ちを尋ねると、「実際にミサイルを発射するのは、ものすごいことだ。もちろん日常生活でそんなことはしたくないが、やらなければいけないときはやる」と答えた。

私たちはＩＣＢＭを輸送し、発射準備を整える部隊の拠点も訪れた。ケイレブ・マッケルロイ二等軍曹は、「ミサイルを巨大なトラックで運び出し、弾頭を搭載し、レゴのように組み立てて地下の発射施設に設置する。この種の発射実験には、年単位の準備が必要だ。発射の九〇日前にはミサイルを調達しておくのが一般的だ。大がかりな計画とオペレーションになる」と語った。

発射実験の全体状況を管理しているオペレーションセンターに入ると、薄暗い部屋にモニター画面がずらりと並んでいた。発射前に最も注意が必要なのが、気象条件だという。風向きや風速の急速な変化、雷が発生する可能性はないかといったことだ。「厚い雲は雷につながり、ミサイルに危害を与える恐れもあるため、気象観測用の航空機を飛ばすこともある」と、気象専門官は語った。

軍は発射実験について、航空や海運業界・関係当局に事前に通知し、安全確保を図っている。だが、制限区域内に漁船がいて、発射が遅れる事態もあったという。

また、発射実験は国務省を通じて、二国間での合意があるロシアを含む各国に事前に通知されるという。実験はロシアの早期警戒レーダーで捕捉され、核攻撃と間違われることはないとしている。(2)

発射実験の報道公開の狙い

今回の発射実験は、アメリカ本土に実戦配備されている四〇〇基のＩＣＢＭから、ランダムに選んでミサイルの性能を試験する通常の発射実験とは異なり、予備ミサイルを発射し、新型の起爆装置をテストする目的だった。起爆装置は、ＩＣＢＭに搭載されるW87核弾頭を爆発させるためのものだ。新型の起爆装置は二〇億ドル以上とも言われる予算で、二〇二四年には運用可能となり、全四〇〇基のミサイルで更新の予定とされていた。

起爆装置の試験官は「既存の起爆装置は耐用年数の三倍もの間、使い続けている」と説明した。この起爆装置は、国防総省が核兵器の近代化計画で開発を進める「地上配備戦略抑止」(Ground Based Strategic Deterrent＝ＧＢＳＤ）と呼ばれる、新型ＩＣＢＭにも使用されるということだった。

ミサイルからは軌道などを地上の基地に伝えるテレメトリー信号が発信され、ＧＰＳも搭載されている。これによって、発射されたミサイルの軌道などが捕捉される。

発射実験を担当する部隊の指揮官を務めるオマル・コルバート大佐は、「発射実験は、ＩＣＢＭの兵器システムの近代化と維持のために、重要なデータを提供する」としたうえで、こう強調した。

「いくつかの部品は古くなりすぎて、交換も難しくなっている。ミニットマン3自体が耐用年数を超え、私たちは新しい兵器システム(GBSD)を待ち望んでいる。(アメリカ軍が自国に接近するのを阻止する)中国のA2/AD(Anti-Access/Area Denial 接近阻止・領域拒否)戦略に対抗できるようにするためには、一九七〇年代のICBMの技術に頼り続けることはできない」

私が「この発射実験が、中国や北朝鮮などに与えるメッセージは何か」と聞くと、コルバート大佐は「アメリカの核兵器はここに存在し、老朽化はしていても、なお構想通りに機能しているということだ。アメリカは(必要があれば、核兵器を使う)意思があり、訓練を積み、専門的に扱うことができる軍を備えている。それが敵対国や友好国に対する『抑止力』のメッセージだ」と、力を込めた。

「では、アメリカ国内の市民へのメッセージは何か」。続けざまの質問には、こんな答えが返ってきた。「これは核兵器だ。アメリカ軍が国内外のアメリカの利益を守るために、専門的な人材をどれほど注意深く選び、訓練し、兵器を安全に信頼できる形で使えるよう保てているかを示したい。他の兵器は(人工知能などで)自動化されるかもしれないが、核兵器は常に人の手で運用されなければならない。正しいタイミングで、正しい命令に基づき、正しい行動をとるのだ」

ＩＣＢＭと戦略爆撃機の部隊を一括して指揮する空軍のグローバル攻撃軍団のアンソニー・コットン副司令官にも、「アメリカがロシアや中国と大国間競争を繰り広げるなかで、この発射実験はどんな意味を持つか」と聞いた。副司令官は私が日本メディアの記者と知ったうえで、「答えはとてもシンプルだ。アメリカは日本に『核の傘』を提供している。アメリカの同盟国を守る戦略（核）の傘だ」と言った。

このときの取材で聞いて、耳から離れなかった言葉がある。発射実験の分析官を務めていたジェリー・ロジャーズ氏がＩＣＢＭの性能に関する質疑の中で、「これまでの歴史で、実際に核兵器が実戦で投下されたのは広島と長崎だけだ。いま、我々が扱っている兵器は、広島・長崎の何倍もの威力がある」と語ったことだった。

実際、ミニットマン3に搭載されるＷ87核弾頭の威力は三〇〇キロトンとされ、広島に投下された原爆の一六キロトンに比べて約二〇倍もの威力がある。だからといって、その威力を広島や長崎に投下した原爆と比較し、「抑止力」を強調したことには違和感を覚えた。軍の指揮官が「核兵器は常に人の手で運用され、正しい命令に基づき、正しい行動をとる」と強調したことについても、間違いが起きる可能性は否定できないと私は思った。

前述したように、ＩＣＢＭは、戦略爆撃機、潜水艦発射弾道ミサイル（ＳＬＢＭ）と並ぶ戦略核兵器で、アメリカの核戦力の三本柱と呼ばれる。アメリカと旧ソ連は冷戦期から巨額の予算をかけて、相手が先制攻撃をしてきたら、確実にやり返すICBMの開発競争を続け、「核抑止」を維持してきた。だが、アメリカのICBMはサイロ発射式で場所が固定されるため、所在が敵に探知されやすく、またいったん発射すると呼び戻すことはできない。先制攻撃すれば、報復攻撃で甚大な被害を受ける。

このため、近年は移動しやすく、探知しづらいSLBMを重視する傾向が強い。「核抑止力」を目的としたICBMは「使えない兵器」の象徴とも見られた。アメリカのシンクタンク「軍備管理協会」のダリル・キンボール会長はICBMについて、アメリカと旧ソ連が冷戦期に軍拡競争を続けた「破滅的な核抑止力」と表現する。「先制攻撃を受ければ多大な被害が生じるため、双方が即座にやり返す態勢をとってきたが、実戦使用は自殺行為に近い」と語る。

「全米科学者連盟」の核問題専門家であるハンス・クリステンセン氏に、この日の発射実験の意味を問うと、軍事的には「標的をより効果的に攻撃する弾頭の能力を高めるため、新たな起爆装置を試す狙いがある」と指摘した。

では、極めて珍しいという今回の報道公開の目的は何だろうか。クリステンセン氏は、①アメリカの市民や、日本など関係国に「核抑止力」を示す、②ロシアや中国、北朝鮮など敵対国にメッセージを送る、③アメリカの連邦議会にＩＣＢＭが重要な兵器であることを見せる――という狙いがあるとの見方を示した。

③については、「四五〇カ所のＩＣＢＭ発射施設や、四〇〇基のＩＣＢＭの実戦配備、三カ所のＩＣＢＭ基地は本当に必要か」「巨額の予算がかかる新型のＩＣＢＭ（ＧＢＳＤ）は必要か。既存のＩＣＢＭを延命して使えないか」といった議論が議会内にもあることから、「ＩＣＢＭの重要性を理解してもらう必要がある」と、報道公開の目的を解説した。

この発射実験がおこなわれていたのとまさに同じタイミングで、トランプ政権の核戦略上の重要な動きがあった。発射実験直前の二〇二〇年二月四日、国防総省が爆発力を抑えた低出力の核弾頭を搭載したＳＬＢＭを初めて実戦配備したと発表したのだった。アメリカが保有する核兵器の多くは、実際に使用するには強力すぎるため、アメリカに低出力核による反撃の選択肢が少ないことを突いて、敵が低出力核で攻撃してきた際に反撃できる、ＳＬＢＭ用の低出力核弾頭の開発を進めていた。後で述べるように、これには核を伴わない攻撃への反撃も含むとみられた。

クリステンセン氏は「海軍と空軍の間には、競合がある。そうしたなかで、海軍が保有し、多くの人が支持するＳＬＢＭに、新たに低出力核の実戦配備が発表された。空軍は取り残されたと感じているかもしれない」と語った。「ただ、そうは言っても、軍の内部や国防総省はＩＣＢＭについても強く支持しており、連邦議会もほとんどはそうだ。だから私は、ＩＣＢＭ部隊に重大な変化が起きるとは思わない。ＩＣＢＭの近代化計画がどのようなものになり、どれほどのコストがかかるか。全貌が明らかになってから、興味深い議論になるだろう」との見方を示した。

「核兵器なき世界」の方針を転換

ここからは、トランプ政権の核政策について、当時の政府高官らの証言を交えて振り返りたい。

二〇一七年一月に就任したトランプ大統領は、「他国が核を持つなら、我々はトップになる」と発言し、核戦力の増強に意欲的だった。二〇一七年一二月に公表された「国家安全保障戦略」では、オバマ前政権が「価値観」との題をつけた章は「力による平和の維持」となり、「世界秩序」は「アメリカの影響力強化」へと換わった。オバマ前政権が掲げた「核兵器のない世界」という目標は消え、核兵器を「平和と安定を守るための戦略の基礎」と位置づけ、近代化を掲げた(3)。

トランプ政権は二〇一八年二月、中期的な核政策の指針である「核態勢見直し」(NPR)を発表した。核兵器を使う条件を緩め、「柔軟性」を持たせた。非核攻撃への報復にも核兵器を使うことがあり得るとし、アメリカや同盟国の重大な利益を守るため、「極限の状況」に限って検討するという表現は、オバマ前政権と同じだった。だが、「極限の状況とは、核兵器を使わない重大な戦略的な攻撃を含む可能性がある」として、通常兵器によるアメリカや同盟国の市民やインフラへの攻撃などを例に挙げたのだった。「アメリカの核兵器は同盟国を通常兵器や核の脅威から守るだけでなく、(同盟国が)核兵器を開発する必要性をなくさせ、国際安全保障を促進する」とも記述している。

NPRではまた、「使いやすい」低出力の核弾頭の開発を表明した。背景として、ロシアが射程の短い非戦略核(戦術核)を最大二〇〇〇発保有し、中距離核戦力(INF)全廃条約に違反する新型巡航ミサイルも持っていると指摘し、ロシアによる「低出力を含む限定的な核使用」の可能性があるとした。これに対して、アメリカは「抑止オプションの柔軟性と幅を広げる」として、「低出力を含む柔軟な核オプションを拡大することは、地域的な侵攻に対する信頼できる抑止力を維持するために重要だ」と強調した。短期的には、既存のSLBMに搭載する既存の核弾頭の「少数」を低出力の核弾頭に改修するとした。

NPRでは長期的には、海洋発射巡航ミサイル（SLCM）を開発することも言明した。オバマ政権が二〇一〇年のNPRで、核弾頭搭載型巡航ミサイル・トマホーク（TLAM-N）の退役を発表したことについて、「SLCMは特にアジアで同盟国に対する抑止と安全保障に貢献してきた」と批判し、トランプ政権はこうした能力を復活させる取り組みをすぐに始めると表明した。

NPRには、アジア地域の核戦力について次の記述がある。

「冷戦後、アメリカはアジアに配備した全ての核兵器を撤去した。同盟国に対する核抑止を拡大するため、その代わりにTLAM-Nに補われて、戦略核の能力に依存してきた。二〇一〇年のNPRを受けて、TLAM-Nを退役させたことで、アメリカは現在、アジア地域の同盟国に対する核抑止について、ほとんどを戦略核の能力だけに頼っている。このため、アジア太平洋地域における協議や協力は、（アメリカがドイツなど五カ国に戦術核を配備し、共同運用する「核共有」の仕組みがある）ヨーロッパのそれとは異なっている」

日本政府はNPRについて、「高く評価する」という河野太郎外相談話を出した。「米国による抑止力の実効性の確保と我が国を含む同盟国に対する拡大抑止へのコミットメントを明確にした」と歓迎した。

INF条約から離脱

トランプ政権は二〇一八年一〇月、核弾頭などを搭載する射程五〇〇~五五〇〇キロの地上発射型ミサイルを禁じた米ロのINF全廃条約からの離脱を表明した。ロシアの条約違反を理由に翌一九年二月に離脱を通告し、条約が規定した六カ月が過ぎた八月に失効した。条約は冷戦下の一九八八年に発効し、両国の軍縮対話の基礎になっていたが、失効により、中国を加えた新たな軍拡競争に発展する恐れが強まった。

アメリカがロシアの新巡航ミサイルの射程が五〇〇キロを超えるとし、ロシアの条約違反を指摘したのは、オバマ政権時代の二〇一四年七月だったが、「離脱」はトランプ政権下で急浮上した。オバマ前政権で国務次官補だったフランク・ローズ氏は「(オバマ政権は)ロシアに(条約の)順守を求めたが、離脱の議論はしていなかった」と証言した。

トランプ政権で二〇一八年まで国防次官補代理を務めたエルブリッジ・コルビー氏は「ロシアの条約違反は表向きの離脱の理由。本当の狙いは中国だ」と断言した。条約に縛られない中国は九〇年代からミサイル開発を加速させた。「空母キラー」や「グアム・キラー」と呼ばれる最新鋭中距離弾道ミサイルの開発を進め、条約が禁止する射程に近いミサイルを多数保有している《と》と推定される。

元太平洋軍司令官特別補佐官のエリック・セイヤーズ氏は、「アメリカがテロとの戦いに注力している間に、中国は通常兵器のミサイルで質量ともアメリカを上回った」と指摘した。中国の中距離ミサイルは米領グアムや沖縄など在日アメリカ軍基地を射程に収め、有事の際にアメリカ軍が中国周辺に接近するのを防ぐ戦略の中核になっているとの見方だ。

中ロとの「大国間競争」にこだわるトランプ大統領にとって、条約は「足かせ」に過ぎず、ロシアとの交渉も離脱ありきだった。ポンペオ米国務長官は声明で「トランプ大統領は過去の二国間条約を越える新時代の軍縮を求めた」とし、ロシアだけでなく中国にも新たな軍縮の枠組みに加わるよう呼びかけた。

当時、国務次官(軍備管理・国際安全保障担当)だったアンドレア・トンプソン氏に退任後の二〇二〇年冬、ワシントンで会った。トンプソン氏は取材にこう振り返った。

「軍備管理の条約は両当事者が守ってこそ成立する。ロシアの新型巡航ミサイル9M729の保有はＩＮＦ条約に違反している。アメリカの安全保障だけでなく、同盟国にとっても有害だ。トランプ大統領が(離脱を)決めた後、欧州やインド太平洋地域の同盟国に、条約違反について説明を続けた。ＩＮＦ条約は歴史的に機能しておらず、同様の欠陥が(トランプ政権が離脱した)

イラン核合意にもあった。トランプ大統領が『より良いディール（取引）が必要だ』と言うのはそのためだ」

ＩＮＦ条約の失効によって、米ロ間の核軍備管理条約は、核弾頭やＩＣＢＭなどの数を制限する新戦略兵器削減条約（新ＳＴＡＲＴ）だけとなった。オバマ政権当時に発効したこの新ＳＴＡＲＴは二〇二一年二月が有効期限だった。ロシアは五年の単純延長を望んでいたが、トランプ政権はボルトン大統領補佐官が二〇一九年夏に「（延長の）可能性は低い」と述べるなどして、延長をめぐるすれ違いが続いていた。

トンプソン氏はこう語った。

「アメリカは、ロシアが近代化を進める（射程が短い）戦術核や新型運搬システムが条約の対象になれば、延長しても良いという考えだ。ロシアの（新型ＩＣＢＭ）サルマトや（極超音速ミサイル）アバンガルドは新ＳＴＡＲＴの対象だが、新しいシステムは対象外だからだ。さらに、中国も責任と透明性のある大国として振る舞いたいなら、米ロの枠組みに加わるよう協議を重ねたが、戦力で劣る中国は『なぜ我々に（核弾頭数などの）上限を課すのか』と議論に関心を示さない」

「世界一の核開発をめざすのは歴代のどのアメリカ大統領も同じだ．核戦力の数を増やすのではなく，老朽化している兵器の近代化を図っている．それが即応力だ」と語る，アンドレア・トンプソン元国務次官（ワシントン近郊にて，著者撮影）

「世界最強の核戦力」

トランプ大統領は二〇二〇年二月、二一年会計年度（二〇年一〇月～二一年九月）の予算教書を示し、国防予算で核兵器関連予算の増額を明らかにした。トランプ大統領は「中国もロシアもやっており、ほかに選択肢がない。中ロとの（核軍縮に関する）合意ができるまで、私にできるのは世界最強の核戦力をつくることだ」と強調した。

トランプ政権が核戦力増強をめざす理由をトンプソン氏に問うと、「世界一の核開発をめざすのは、歴代のどのアメリカ大統領も同じだ。核戦力の数を増やすのではなく、老朽化している兵器の近代化を図っている。それが即応力だ」と言った。「広島・長崎の被爆から七五年を迎えるが、軍縮におけるアメリカの役割は何か」という質問には、「アメリカは世界のリーダーだ。核軍備管理条約に違反する国に責任をとらせることは重要な役割だ」という答えが返ってきた。

二〇二〇年春、新型コロナウイルスの感染拡大が始まり、新ＳＴＡＲＴにも影響を与えていた。トンプソン氏は再取材に、「条約で規定された米ロのデータ交換はおこなわれているが、相互の現地査察は延期された」と明かした。アメリカとロシアの間に唯一残された核軍備管理条約まで失効する最悪のシナリオが現実味を帯び始めていた。

トランプ大統領自身、かつて新ＳＴＡＲＴを「悪い取引だ」と批判した。トランプ政権はイランとの核合意や、米ロのＩＮＦ全廃条約からも離脱し、核戦力の増強を続けていた。トランプ政権の別の元政府高官も二〇二〇年二月、取材に対して「大統領は悪い取引には縛られない。アメリカの利益にならないと考えれば、延長しない判断をためらわないだろう」と明言した。

一方、アメリカ国内では同じころ、失効を避けるためには延長すべきだ、という声が出ていた。軍備管理協会が二〇二〇年四月末に開いたオンラインの会合では、条約の交渉に関わったマイケル・マレン元米軍統合参謀本部議長が、「条約について再交渉したり、新たな条約を交渉したりする時間はない」と指摘した。ローズ・ゴットメラー元国務次官も「五年の延長をすれば、全ての論点を話す時間が得られ、新型コロナを乗り越えるのに集中できる」と語った。

軍備管理協会のダリル・キンボール会長は取材に、次のように強い懸念を示した。「トランプ氏は、アメリカは世界最強の核戦力を持つ必要があり、そうであればこそ、より良い核軍備管理の交渉ができると考えているようだ。だが、イランとの核合意離脱後、かえってイランの核開発を含む核拡散の危機を招いた。トランプ氏が言う『より良い合意』は幻想だ。新STARTは米ロの戦略核という最も危険な核戦力を制限している。新STARTが失効すれば、際限のない軍拡競争につながる恐れがある」

キンボール氏は、トランプ政権が核兵器の近代化を含む関連予算を増額させたことについて、「トランプ氏と彼が指名した高官は、核戦力を更新するだけでなく、拡大しようとしている。低出力核やSLCMはその例だ。エスパー国防長官(当時)ら、軍需産業出身者が国防総省に何人もいて、軍需産業からの圧力を受けやすい状況にもなっている」とも指摘した。

新STARTが存続の危機に

「新STARTは、現在の核兵器の課題に対応しておらず、将来に向けて間違った枠組みだ。ロシアが短・中距離の核戦力を増強し、中国も核兵器を増やしているが、これらの動きが条約によって規制されていない」。トランプ政権で核軍縮交渉のトップを担っていたマーシャル・ビリングスリー大統領特使(当時)は二〇二〇年八月、私の取材にこう語った。

「ロシアの短・中距離ミサイルはアメリカ本土には届かないが、欧州の安全保障にとってはもちろん懸念材料だし、中国やアジアの同盟国にとっても関心事だろう。ロシアの全ての核弾頭を条約の対象にすべきだ」とし、合意ができなければ、条約の失効も「あり得る」という認識を示した。

新ＳＴＡＲＴはオバマ政権が締結し、三カ月後にある大統領選をトランプ大統領と争っていた民主党のバイデン元副大統領は、就任すれば延長すると明言していた。そのことを問うと、ビリングスリー氏は「交渉には全く影響しない」と述べ、「一〇年前に『オバマ・バイデン条約』として考えられた新ＳＴＡＲＴは現在の脅威に適していない。中国は今後数年で、一〇〇〇発もの核弾頭配備を検討している」と強調した。

ビリングスリー氏が、新ＳＴＡＲＴに代わる新たな核軍縮の枠組みの必要性を強調した背景には、中国のミサイル戦力増強への強い危機感があった。地上配備型の中距離ミサイル保有を米ロに禁じてきたＩＮＦ条約が二〇一九年八月に失効して以来、アメリカ軍は中距離ミサイルの開発を加速し、核を搭載しない形でのアジアへの配備を模索していた。

ビリングスリー氏は、アジアへの中距離ミサイルの配備計画について「中国の軍備増強がアジア地域を完全に不安定にしないよう、日本政府とも緊密に連携していく」と述べた。中国が巡航ミサイルや弾道ミサイルなどの開発・配備を加速させているとの認識を示し、日本など同盟国と連携し、対抗する重要性を強調した。音速の五倍超で飛ぶ極超音速滑空ミサイルにも言及し、「脅威となる兵器を中国共産党が使えないようにする」と述べた。

ビリングスリー氏は、地上配備型巡航ミサイルなどの開発が「急速に進んでいる」との認識を示し、アジアに展開するアメリカ軍に今後数年以内に中距離ミサイルが配備される見通しを示した。日本への配備の可能性については「日本政府と議論する用意がある」と述べ、候補地の一つであることを示唆した。

ビリングスリー氏はこのインタビューの翌月の二〇二〇年九月下旬、日本を含むアジア訪問に出発する直前、再び私の取材に応じた。日本訪問について、「中国の急速な軍拡や、特に核の野望に、同盟国がどう協力して対処するのか話し合うことが目的だ」と語った。

「中国の軍拡や脅威について理解し、一致していることが重要だ。中国は短・中距離の弾道ミサイルや巡航ミサイル、ICBMなどを含めて、非常に多くのミサイルを増強している。そのことについて情報を共有するつもりだ。中国は二〇一九年だけで二二五回の弾道ミサイルの発射実験をおこない、その他の国々の総数を上回った」

ビリングスリー氏はこう述べると、次のような本音も口にした。「中国は長年にわたり、少数の核兵器で最低限の抑止力を保ってきた。だが、中国は今、核戦力を急拡大させ、軍拡競争

「我々は，中国がアメリカやロシアと同じような数の弾頭を持つ核大国になることは容認できない」と本音を語るマーシャル・ビリングスリー元大統領特使（米国務省HPから）

に加わろうとしている。アメリカとロシアが核戦力を大幅に減らしてきた軍備管理の合意を破壊しようとしている。我々は、中国がアメリカやロシアと同じような数の弾頭を持つ核大国になることは容認できない」。トランプ氏の発言通り、「世界最強の核戦力」を持つアメリカの地位を揺るがすような事態はあってはならないという決意表明にも聞こえた。

そして、ビリングスリー氏は、新ＳＴＡＲＴの次の枠組みをめぐる交渉状況を日本などの同盟国に説明し、「ロシアが（アメリカが提示する枠組みに）合意し、中国も交渉に加わるよう、日本を含む全ての国が呼びかけることが必要だ」と述べた。アメリカとロシア、そして中国の間で、核軍縮の新たな枠組みをつくると言えば、聞こえは良い。だが、核戦力で米ロに劣る中国は拒否し、ロシアも全核弾頭数の制限には応じなかった。このため、条約の延長を含むロシアとの交渉は難航し、存続の危機に陥っていた。

アメリカ大統領選直前の二〇二〇年一〇月、米ロの交渉に動きがあった。アメリカが条約の一年延長と引き換えに、米ロ両国が保有する核弾頭の数を「凍結」して増強しないことを提示し、これまで「無条件の五年延長」を主張してきたロシアが受け入れるとした。国務省は「アメリカは検証可能な合意をまとめるために、すぐに会談する用意がある」とし、さらに詰めようとした。

だが、トランプ政権下でその先の交渉は進まず、延長合意には至らなかった。一一月の大統領選でトランプ氏は敗れ、バイデン氏が勝利した。ビリングスリー氏は政権の任期が残り一週間ほどとなった二〇二一年一月中旬、私の取材に応じ、アメリカはロシアに対し、①核弾頭の凍結を効果的に検証できる措置、②凍結する核弾頭の定義や上限の決定——を要求したと明らかにし、「大統領選の前後に四回、『歴史的合意』をまとめるための協議を求めたが、ロシア側がいずれも断った」と述べた。これに対し、ロシアのアントノフ駐米大使は二一年一二月中旬、オンラインのイベントで「一年間の延長と核弾頭数凍結でアメリカに歩み寄ると表明したが、アメリカの交渉人にとっては十分でなかった。アメリカは核弾頭数凍結の過度に厳しい検証にこだわった」と語った。ロシアが譲歩したにもかかわらず、アメリカがさらなる要求を重ねたために交渉が行き詰まった、との立場を取った。

ビリングスリー氏は、ロシアとの交渉を振り返って、「ロシアとの間で新たな(核軍縮の)合意は現状の米ロ二カ国ではなく、多国間であるべきだという点では一致した。だが、『多国間』というときに、我々が中国に特化したのに対し、ロシア側はより広く、フランスやイギリスも含めるべきだと言った」とも語った。

バイデン政権への「注文」

トランプ政権の核政策を見直す可能性が高いとみられたバイデン次期政権に対し、ビリングスリー氏は次のような「注文」をつけた。

・ロシアが(核弾頭数の)真の凍結に合意してから、新START延長の準備に入るべきだ。
・核戦力の法的な制限(核軍縮)に同意することと、核兵器の近代化によって他に比類のない核抑止力を維持することとは、明確につながっている。近代化計画の規模を縮小しようとするいかなる動きも、上院議員たちの核軍縮への支持を台無しにする。
・アメリカや同盟国への核攻撃に対してのみ核兵器を使う「唯一目的化」や、「先行不使用」の宣言は、歴代政権の方針からの決定的な決別となる。現在の安全保障環境に完全に適合せず、賢明ではない。

・（一九八五年の）レーガン大統領とソ連のゴルバチョフ書記長による「核戦争に勝者はなく、決して戦ってはならない」という声明を、プーチン氏との間で再び出すべきではない。ロシアは「核戦争は勝つことができる」と考えており、演習や訓練を日常的に実施し、核ドクトリンは先制使用を想定している。

続くバイデン政権はこのうちのいくつかを実行し、いくつかを見送ることになった。核兵器を保有するアメリカ、イギリス、フランス、中国、ロシアの五カ国は二〇二二年一月、「核戦争に勝者はなく、決して戦ってはならない」という共同声明を発表した。その翌月にロシアはウクライナに侵攻し、プーチン大統領は「核の恫喝」をした。次章では、バイデン政権の核政策を紹介する。

第 6 章

不透明な核政策の行方

――バイデン政権――

2021 年 1 月 26 日の初の電話協議により 2 月 5 日の期限切れ寸前で新戦略兵器削減条約(新 START)の 5 年延長に合意したあと，ジュネーヴで初の首脳会談をおこなった米ロ首脳(2021 年 6 月 16 日，ロイター/アフロ)

直面する二つの課題

核政策をめぐり、アメリカは相反するように見える二つの課題に直面している。核兵器を削減する「核軍縮」と最新型に更新する「近代化」という課題だ。それは二〇二一年一月に発足したバイデン政権も同じだ。

軍はあくまで近代化推進の立場だ。アメリカの核戦力三本柱のうち、潜水艦発射弾道ミサイル（SLBM）の強みが「残存性」なら、戦略爆撃機は出撃した後でも呼び戻せる「柔軟性」、大陸間弾道ミサイル（ICBM）は先制攻撃に備える「即応性」があると、軍は主張する。「三本柱がすべてそろうことで、より強くなる」として、全てを維持し、新型兵器に更新する近代化を要求してきた。

私は二〇二一年三月、ICBM、戦略爆撃機の部隊を一括して指揮するグローバル攻撃軍団のティム・レイ司令官（空軍大将）を、ルイジアナ州バークスデール空軍基地の司令官室に訪ねた。司令官はこう切り出した。

ルイジアナ州バークスデール空軍基地でインタビューに応じ，「軍縮と核兵器近代化の両方が重要だ」と語る米空軍グローバル攻撃軍団のティム・レイ司令官（2021年3月5日，米空軍のジェイコブ・ライツマン氏撮影）

「アメリカの核戦力は日本にとってどんな意味があると思う？我々はアジアで中国や北朝鮮に目を光らせなければならない。同盟国はＩＣＢＭや戦略爆撃機を保有していない。これはアメリカだけでなく、同盟国のために必要な兵器だ。核戦力を重視しているロシアや中国と競合していることを強く認識してほしい。中ロにとって核兵器が持つ意味を理解しなければ、大きな間違いを犯すことになる。重要なことは、我々は同盟国・友好国ができないことをしているということだ」

そして、こう続けた。

「軍縮と核兵器近代化の両方が重要だ。（軍縮）条約があっても、核兵器に欠陥があれば、機能しない。よい兵器があっても条約がなければ、望むような安定性は得られない。両方があってこそ、より安全を得ることができる。核兵器の近代化は、ロシアとの新戦略兵器削減条約（新ＳＴＡＲＴ）に合意したオバマ政権下で始まった。オバマ大統領が任を離れてから、世界はますます困難になっている。中国が台頭し、ロシアは(軍事的な)拡張を進めている。相手が別の方向に向かっているのに、我々だけが後退できるだろうか」

チャールズ・リチャード戦略軍司令官は二〇二一年四月、議会上院軍事委員会の公聴会で、老朽化したＩＣＢＭでは「与えられた戦略を実行できない」と更新を訴えた。「ロシアは八〇％の近代化を終えたが、アメリカはゼロだ」と強調した。中国も一カ月前の情報が役立たないほど、急速に核軍拡を進めており、すぐに大陸間の高い攻撃能力を持つとの危機感を示した。

核軍縮と抑止のための近代化は両立できる――。そんな理屈に聞こえた。

オバマ路線の継承

そもそも三〇年間で一兆ドル以上を投じる核兵器の近代化計画を最初に承認したのは、「核兵器なき世界」の理念を唱えたオバマ政権だった。二〇一〇年、米ロ間の新ＳＴＡＲＴの批准を上院で承認してもらう代わりに、三〇年間で一兆ドルを投じる核兵器の近代化計画を受け入れた。

その後、「力による平和」を掲げたトランプ政権は予算を増額し、核軍拡を進めた。バイデン政権はどうか。

てきた。バイデン大統領は上院議員当時から、核兵器の問題に大きな関心を持ち、積極的な発言をしてきた(1)。核兵器の削減に強い思いがあり、オバマ政権終了直前の二〇一七年一月、ワシントン市内で副大統領として演説し、「アメリカの非核の能力と今日の脅威の性質を考えると、アメリカによる核兵器の先制使用が必要となるシナリオを想定することは困難だ」と明言した。

そのうえで、「大統領と私は(核兵器以外の)他の方法で非核の脅威を抑止し、アメリカや同盟国を防衛できると確信している。(二〇一〇年の)「核態勢見直し」(NPR)から七年が経ち、大統領と私は、核攻撃を抑止し、必要があれば報復することがアメリカの核兵器の唯一の目的であるべきだというところまで、十分に進展させたと強く信じている」と強調した。その直後には、「核兵器のない世界を求めるなら、アメリカがイニシアチブをとらなければならない。オバマ大統領が広島訪問中に強調したように、核兵器を使った唯一の国として、先頭に立つ重い道徳的な責任がある」とも語った。

バイデン氏は自身が立候補した大統領選前の二〇二〇年八月、原爆投下から七五年を迎えたことを受けて、「広島、長崎の恐怖が二度と繰り返されないために、核兵器のない世界に近づくよう取り組む」とする声明を発表し、オバマ氏の理念の継承を表明した。

さらに、二〇二〇年の外交専門誌への寄稿では、核兵器の「唯一の目的」を核攻撃の抑止に限るとする宣言の採用に向けて取り組むと言明した。オバマ政権末期の二〇一六年にもほぼ同じ意味を持つ核兵器の「先行不使用」の宣言が検討されたが、日本など同盟国の懸念から見送られた経緯があり、寄稿では「アメリカ軍と同盟国と協議する」という条件が付けられた。バイデン氏はまた「核戦争の新たな脅威」を、気候変動などと並ぶ課題と位置づけ、世界の信頼を取り戻せるよう努めるとした。

一方、トランプ政権がロシアへの対抗のため、開発を表明した低出力の核弾頭について、バイデン氏は二〇一九年の大統領選の候補者アンケートで、「アメリカは新しい核兵器は必要としていない。既存の核戦力でアメリカの抑止力と同盟国の要求を満たすのに十分だ」との見解を示し、不要だとの認識を示していた。(2) トランプ政権が開発を表明した海洋発射巡航ミサイル(SLCM)も合わせて、計画を中止するかどうかが注目された。

同じアンケートの中には、核兵器の近代化計画について「今後三〇年で一兆二〇〇〇億ドル弱とされる予算を投じて、アメリカは安全で効果的な核戦力を維持できるか」という質問もあった。バイデン氏は「私の政権は核兵器への依存や過剰な支出を減らす一方、強く信頼できる抑止力の維持に取り組む。アメリカと同盟国にとって実行可能な抑止力を維持するのに、持続可能な核の予算を求めていく」と回答した。

バイデン政権が二〇二一年一月に発足すると、米ロ両政府はトランプ政権下で存続が危ぶまれていた新ＳＴＡＲＴの期限切れ寸前に五年間の延長で合意した。両国間に唯一残っていた核軍備管理条約が消失する事態は免れた。

新ＳＴＡＲＴが延長されたことで、新たな核軍縮の枠組みに焦点は移った。バイデン大統領は包括的な枠組みをめざし、戦術核などの規制が交渉の対象になるとみられた。最大の注目点は、中国が枠組みに加わるかどうかだが、核戦力でアメリカやロシアに劣る中国は新ＳＴＡＲＴの延長合意を評価する一方で、自国の参加には否定的なままだ。

バイデン政権の核政策の行方に世界の注目が集まった。

ペリー元国防長官「核禁条約を支持する」

オバマ政権の「核兵器なき世界」の理念を受け継ぐバイデン政権も、核政策を大きく変えることはないだろう――。そんな冷ややかな見方も根強いなかで、かつてアメリカの核政策に深く関与した重鎮二人がバイデン政権発足前後にそれぞれ私のインタビューに応じ、重要な発言をした。

そのうちの一人は、一九九四～九七年にクリントン政権で国防長官を務めたウィリアム・ペリー氏（九三）だ。二〇二一年二月、取材に対し、核兵器禁止条約について「核兵器保有を不道徳としており、支持する」と明言したのだ。ペリー氏は二〇〇七年に意見論文「核兵器のない世界を」を『ウォールストリート・ジャーナル』紙に発表し、オバマ元大統領の政策に影響を与えたアメリカの「四賢人」の一人だ。あとの三人はキッシンジャー元国務長官、シュルツ元国務長官、ナン元上院軍事委員長という顔ぶれだ。だが、アメリカの国防長官経験者が核兵器を史上初めて違法とした条約への支持を明言するのは異例のことだった。

ペリー氏の発言は次のようなものだった。「核禁条約を批判する人たちは、核保有国が参加していないので、何の効果もないと言ってきた。だが、この条約は道徳的な基準だ。核兵器は道徳的に間違いだとしている。非核保有国が核保有国に対し、核保有は不道徳だと言っている。その観点で、私は支持する。アメリカが近い将来、署名するとは思わないが、条約を支持する。良いことだと思う」

一九七〇年に発効した核兵器不拡散条約（NPT）は、アメリカ、ロシア、イギリス、フランス、中国に核保有を認めるかわりに、核軍縮の交渉に誠実に取り組むことを義務づけている。しかし、核兵器は世界になお約一万三〇〇〇発残り、なかなか減らない。米ロの軍縮交渉は停滞し、中国は核軍拡を進めている。NPT未加盟のインドやパキスタン、イスラエルが核武装し、条約脱退を宣言した北朝鮮は核実験を繰り返してきた。

非核保有国はこうした状況にいらだち、核兵器をめぐる国際規範が必要だと考えた。その結果、核兵器禁止条約は二〇一七年七月、国連加盟国の六割にあたる一二二カ国・地域の賛成で採択され、二一年一月に発効した。

ペリー氏はインタビューのなかで、「アメリカとロシアは（NPTの軍縮交渉）義務とは反対に、核兵器の数を増やさずに近代化や更新を進めて（質を）強化している」と指摘した。「核禁条約とNPTは、核兵器なき世界をめざす目標は同じだ」としたうえで、「核禁条約は核保有国に圧力をかける。行動を強制できないが、再考を迫る。アメリカは条約に加わらなくても、その存在を尊重すべきだ」と語り、非核保有国との対話の重要性を強調した。日本については「核兵器に反感を示す一方、アメリカの核の傘を受け入れており、発言が偽善的にとられる可能性がある。特殊な立場だ」としつつ、両者の橋渡し役ができる可能性があるとの認識も示した。

ペリー氏はまた、オバマ政権が米ロの新STARTの批准を上院で認めてもらうのと引き換えに、三〇年間で一兆ドルを投じる核兵器の近代化計画をのんだことは「間違いだった」と批判した。

アメリカはICBM、戦略爆撃機、SLBMの「核の三本柱」の近代化を進めている。ペリー氏は戦略爆撃機とＳＬＢＭの近代化には一定の理解を示したものの、ＩＣＢＭについては「偶発的な核戦争を招く引き金になる危険があり、不必要だ。段階的に退役させるべきだ」と持論を語った。

その理由についてこう言った。「第一に、（地上の発射場所が固定されたアメリカの）ＩＣＢＭは敵の攻撃に対して非常に脆弱だ。第二に、敵の攻撃があったとの警報があれば、敵の攻撃が着弾する前に大統領はＩＣＢＭを発射する必要に迫られる。誤警報なら、間違って核戦争を始めてしまう恐れがある。これは理論上の話ではなく、私が知る限り、我々はすでに三度の誤警報を経験している。非常に危険だ。第三に、新型ＩＣＢＭ（ＧＢＳＤ）の開発には何千億ドルとも言われる巨額の経費がかかり、経済的な意味でも不必要な出費だ」

ペリー氏は、米ソの冷戦期に、政府高官として「ソ連から米国に向けて二〇〇発のＩＣＢＭが飛んできたのがコンピューター画面に映し出された」という警報を経験したという。「ＩＣＢＭがアメリカに向かって飛んできているという電話を夜中に受けたのは、二度としたくない経験だ。もちろん誤警報だった。過去二〇年はこうしたことはなかったが、サイバー攻撃が増えるなかで、誤警報が起きる可能性はさらに高まっていると思う。大統領にそのような決断をさせたくない。この問題をなくす方法は、ＩＣＢＭを撤去することだ」と訴えた。

オンラインでのインタビューに答え，「バイデン政権が核兵器の廃絶に動くとは思わない．だが私は，核兵器の役割を低減させ，近代化を見直し，その間は(開発を)やめるよう，バイデン氏に求めている」と明かすウィリアム・ペリー元国防長官(2021年2月8日，著者撮影)

アメリカでは核兵器を発射できる権限を、大統領一人に持たせる仕組みになっている。トランプ政権終了直前の二〇二一年一月、民主党のペロシ下院議長は「不安定な大統領」(トランプ氏)が核兵器を使った攻撃命令を出すことを防ぐため、米軍制服組トップのミリー統合参謀本部議長と協議したと明かした。ペリー氏らはこのとき、大統領が核兵器使用の専権を握っていることは、「非民主的、時代遅れ、不必要で極めて危険」と指摘し、「使用権限を選ばれた議員団と共有すべきだ」と、バイデン氏に改革を求めていた。

ペリー氏はこれについて、インタビューで「大統領の専権が、偶発的な核戦争のリスクにつながっている。アメリカの核政策は今も、ロシアがアメリカを核で奇襲攻撃するかもしれないといった想定に基づいているが、そのような自殺行為は考えにくい。大統領一人が五分や一〇分で発射を判断するのではなく、議会や行政府の限られたメンバーと数時間協議することは、アメリカの安全保障にとって大きな利点がある」と強調した。

そして、オバマ政権の「核兵器なき世界」の理念を受け継ぐバイデン政権の核政策の行方について、「今、冷戦期以上に核戦争や核の大惨事が起きる可能性が高まっている。バイデン政権が核兵器の廃絶に動くとは思わない。だが私は、核兵器の役割を低減させ、近代化を見直し、その間は(開発を)やめるよう、バイデン氏に求めている」と明かした。

モニツ元エネルギー長官、核禁条約議論不参加は「間違い」

もう一人の重鎮は、核物理学者で、オバマ政権の核政策で中心的役割を果たしたアーネスト・モニツ元エネルギー長官だ。

二〇二一年一月の取材に対し、やはり核禁条約に関連して「核保有国が禁止の議論に参加しなかったのは間違いだと思う。核保有国と非核保有国の対話を困難にした」と述べた。アメリカを含む核保有国は一貫して核禁条約に否定的な立場を取ってきたが、「核兵器なき世界」の理念を引き継ぐバイデン政権の発足を前に、対話の重要性を訴えたのだった。

モニツ氏はインタビューでまず、「不幸なことに、核兵器使用のリスクは今、(一九六二年の)キューバ・ミサイル危機以降、最も高まっている。我々は今、これまでと違うサイバー世界に

核禁条約に関連して，「個人的には，核保有国が禁止の議論に参加しなかったのは間違いだと思う．核禁条約はNPTの長期目標と根本で合致している」と語るアーネスト・モニツ元エネルギー長官（米エネルギー省HPから）

生きている。アメリカとロシアは世界の核兵器の九〇%以上を保有しているが、核の指揮・管理や早期警戒システムへのサイバー攻撃について、何の取り決めもない。アメリカでは今も、核兵器の使用権限が大統領一人に集まり、決断の時間は一〇分しかない」と強い危機感を示した。

一九一カ国・地域が加盟するNPTと、核兵器禁止条約の溝について問うと、モニツ氏は「個人的には、核保有国が禁止の議論に参加しなかったのは間違いだと思う。核保有国に対して、（核兵器の）即時禁止のようなことを主張すべきだと言っているわけではない。核禁条約はNPTの長期目標と根本で合致している。特にアメリカとロシアが核廃絶をめざす行動を示せば、核保有国と非核保有国の対話を活性化することができる」と語り、世界の核兵器の九割以上を保有する米ロ両国の責任の大きさを指摘した。

核保有国は核兵器廃絶を急ぐ禁止論に反対し、核禁条約の議論に参加してこなかった。それだけに、アメリカ政府の元高官が、

NPTと核禁条約の目標が「根本で合致している」との認識を示したのは異例のことだった。

モニツ氏はトランプ政権について「安全保障の中で核兵器の役割を高めた。低出力核の潜水艦への実戦配備は、完全に不必要で、核兵器使用の敷居を下げた。核兵器の近代化の予算も増額した」と批判的な見方を示し、バイデン政権については「核兵器の役割が低減される状況に戻る」との期待を語った。

バイデン政権が新STARTを延長させたあと、「米ロが配備する戦略核弾頭数の上限を自主的に下げ、信頼醸成を図るべきだ。(新START延長後の)新たな核軍縮の枠組みに向けた交渉では非戦略核(戦術核)も対象とすることをロシアとの間で追求すべきだ」との持論を語った。

トランプ政権は、核軍拡を進める中国も条約に加えるべきだと訴えてきたが、核戦力で米ロに劣る中国は参加を拒否し、延長交渉は難航してきた。このことについて、モニツ氏は「中国の参加は時期尚早だ。核戦力の非対称性を考えれば、現時点では理にかなわない」としたうえで、「信頼を高めるための対話はできる。例えば、中国が米ロと一緒に、『核戦争に勝者はなく、戦ってはならない』との宣言を確認するか、試すことができる。米中間で、核の危機管理メカニズムの構築に努めることもできる」と提案した。

バイデン政権による「核兵器の先行不使用」「唯一の目的」宣言の可能性について、モニツ氏は「日本や韓国などの同盟国と話さなければならない。そのような宣言で安心するためには、地域全体の安全保障の関係が解決される必要がある」と述べた。オバマ政権が二〇一六年に先行不使用宣言を検討したが、断念したことについて、モニツ氏は「そのような決定をするまでに必要な、同盟国と協議する時間がなかった」と振り返った。

当時は、日本や韓国などアメリカの「核の傘」に守られている同盟国から懸念が上がった。モニツ氏は「日本や韓国が(先行不使用に向けた)動きについて、全体の安全保障関係の枠組みの中でおこなわれると確認したいのは理由がある。アメリカによる安全保障が地域で非常に重要であり続けているからだ」と語った。そのうえで、「バイデン政権は、同盟関係の再構築を強調している。それは、核兵器の政策決定にとって極めて重要だ。アジアや欧州の同盟国の賛同なしに、アメリカ単独で変更できない政策があると強く感じている」との見解を示した。

モニツ氏はまた核軍縮に向けた日本の役割について、「被爆国であり、アメリカの強固な同盟国でもある日本は、(核保有国と非核保有国の橋渡しをする)特別な役割を果たすことができると思う。核兵器の『唯一の目的』の議論を発展させるうえでも、日本は議論の中心にいることができると考えている」との認識を示した。

バイデン政権高官に直接問う

二〇二一年三月、バイデン政権が示した国家安全保障戦略の暫定指針では、「国家安全保障戦略のなかで核兵器の役割を減らしていく」と明記した。バイデン政権の中期的な核政策の指針となるNPRがどのような内容になるかが注目された。

私は二〇二一年四月、バイデン政権のNPR策定の中心メンバーになるとみられていたレオノール・トメロ国防次官補代理(核・ミサイル防衛担当)と、アレクサンドラ・ベル国務次官補代理(軍備管理担当)に、同僚とともにインタビューする機会を得た。

最初に「核兵器の役割の低減」について問うと、トメロ氏は「バイデン大統領の目標は、核兵器の役割を減らすことであるのに間違いはなく、NPRの一環として検討したい」と述べた。ベル氏も「バイデン氏は(上院議員三六年などの)職歴を通じ、核の脅威を減らすことに尽力してきた。アメリカと同盟国、そして世界に対する核の脅威を、できる限り、あらゆる政策を通して減らすよう取り組む」と語った。

今後三〇年で一・二兆ドルの予算が見込まれる核兵器の近代化計画について、トメロ氏は「いくつかの計画は非常に高額だ」と、予算面の懸念を示した。核戦力三本柱のうち、軍縮派の一部から戦略的に不安定だとして凍結の声が出ていたICBMをどうするのかとただすと、トメロ氏は、どの兵器とは明言せずに「いくつかのプログラムについて、スケジュールや優先順位を考え、再検討することになると思う」と語った。二〇二三会計年度（二二年一〇月〜二三年九月）の国防予算を議論するなかでの検討課題だとした。一方で、「核抑止は国防総省にとって最優先であり続ける。目標は、安全で信頼できる核戦力を維持することだ。NPRや、ミサイル防衛の見直しは日本を含む同盟国と相談して進める」と強調した。

バイデン政権のNPRはトランプ政権からどう変わるのか。トメロ氏はこう話した。「トランプ政権のNPRは、同盟国への関与のための拡大抑止の重要性、核兵器の近代化の重要性を重視する点などで、オバマ政権からの継続性が反映された。その一方で、抑止力のギャップに対応するため、新たな能力を持つよう提案があった。我々は安全保障環境を検討し、戦略的安定性を高め、誤算を減らす方策を検討する」

バイデン氏が就任前に意欲を示していた、核兵器の「唯一の目的」をアメリカと同盟国への核攻撃の抑止に限るとする宣言をおこなう可能性について、トメロ氏は「NPRで宣言についても検討する」と明言した。一方で、「問題は、時と条件が適切かどうかだ」とも語り、「最も緊密な同盟国の一つである日本をはじめ、同盟国との協議は第一にやらなければならない仕事だ」と強調した。

バイデン政権で巨額な核兵器の近代化計画に懐疑的な軍縮重視のグループとされ，就任から1年経たずに突然辞任したレオノール・トメロ元国防次官補代理．著者のインタビューに応え，核兵器の「唯一の目的」をアメリカと同盟国への核攻撃の抑止に限るとする宣言をNPRでおこなうことを「検討する」と明言した（米国防総省HPから）

また、バイデン政権発足と同じタイミングで発効した核禁条約について見解を聞くと、ベル氏は「アメリカの核戦略や拡大抑止に影響しない」との従来の立場を示したうえで、「軍縮という目標についてはアメリカも共有する。核禁条約が正しい道だとは考えないが、目標が同じなので理解はできる」とも語った。NPT再検討会議に向け、非核保有国との対話も模索する考えを示唆した。

核禁条約の批准国・地域が五〇に達し、発効が決まった二〇二〇年一〇月、トランプ政権の国務省報道官は「アメリカは軍縮を加速させる願望を多くの国と共有するが、核禁条約は解決にならない」とコメントしていた。その理由として、条約はアメリカの抑止力を損なう、現在の安全保障上の課題を考慮していない、世界の(核)不拡散や軍縮の中心にあるNPTを損なう——などと指摘した。ベル氏の発言は、基本線は変わらないものの、「目標が同じなので理解はできる」と、やや踏み込んでいたことが「変化」と感じられた。

核軍縮の可能性を示す動きに共和党側はすぐに反応した。二〇二一年四月の上院軍事委員会。共和党のトム・コットン上院議員はこのトメロ氏らへのインタビューを取り上げて、アメリカ軍の核兵器の運用を統括するリチャード戦略軍司令官にただした。

コットン上院議員「日本メディアのインタビューに核兵器の予算削減や『唯一の目的』（の宣言検討）を示唆しているが、あなたやオースティン国防長官に相談はあったのか」

リチャード戦略軍司令官「戦略軍の誰も相談を受けていない。（「唯一の目的」宣言は）アメリカの抑止力に役立ってきたあいまいさを奪うことになる」

トメロ氏は二〇二一年九月、国防次官補代理を辞任した。国防総省は「組織再編のため」と説明したが、核軍縮・不拡散の推進派からは「トメロ氏の核兵器削減の姿勢が理由だったのではないか」といぶかる声が上がった。

民主党リベラル派のエドワード・マーキー上院議員はバイデン大統領に書簡を送り、「アメリカの核兵器の計画について、大統領に提案する役割を持つ高官の突然の辞任は、核兵器のリスクを減らすという大統領のライフワークより、冷戦期の核兵器への過度な依存をもたらすNPRにつながる」と警告した。

「アメリカの核政策は巨額の金に突き動かされている．陸海空軍，核戦力の司令部，ミサイル防衛局，みなが利益を分け合っており，大幅な削減は難しいだろう」とオンラインのインタビューで語る，核問題専門家のジョセフ・シリンシオーネ氏（著者撮影）

核兵器近代化のコストと利権

バイデン政権内部では、巨額の核兵器の近代化計画に懐疑的な軍縮重視のグループと、ロシアや中国との競合を重視し、アメリカが核戦力を減らせば「核の傘」の下にある同盟国を不安に陥れるとして懸念する抑止重視のグループの二つが併存している。アメリカメディアによると、トメロ氏はＩＣＢＭや近代化のコストを問題視していたアダム・スミス下院軍事委員長とともに働いていた時期もあり、前者のグループの代表的な一人だったとされる(3)。

実際、ロシアや中国などの競合国が核兵器の近代化を競う現状で、バイデン政権が抜本的な核兵器の削減に踏み込むのか、疑問視する声が高まっていた。

オバマ政権の核政策に関与した核問題の専門家ジョセフ・シリンシオーネ氏は辛辣だった。「アメリカの核政策は巨額の金に突き動かされている。軍事企業が巧妙なロビー活動を展開し、国防総省や議会に食い込み、シンクタンクに多額の献金をして国防政策に強い影響を与えている。陸海空軍、核戦力の司令部、ミサイル防衛局、みなが利益を分け合っており、大幅な削減は難しいだろう」と取材に語った。

シリンシオーネ氏は、ＩＣＢＭ基地の地元選出の連邦議員らがつくる超党派の「ＩＣＢＭ連合」を例に挙げ、「オバマ政権がロシアとの間で、戦略核弾頭を一五五〇発以下に削減する新ＳＴＡＲＴの交渉をしていたとき、ＩＣＢＭ連合は一五五〇発より減らさないよう要求した。核兵器の数を減らすなら、基地に他の任務、仕事を与えなければならない。（核戦力三本柱の）ＩＣＢＭ、戦略爆撃機、ＳＬＢＭのどれをとっても、地元選出議員は基地を支援しており、そうしないのは政治的な自殺行為になる」と指摘した。

そして、こう続けた。「核兵器の近代化計画はすでに走り出しており、バイデン大統領がそれを止めるのは相当な困難を伴う。特にすでに始まっている兵器の生産を止めるのはほとんど不可能だ。バイデン政権もまた、アメリカの核政策を大きく変えるとは思えず、落胆する結果に終わるだろう」

ウクライナ侵攻と核戦争のリスク

二〇二二年二月二四日、ロシアはウクライナへの軍事侵攻を始めた。プーチン大統領は「我々は世界最強の核大国だ」「他国が介入すれば、経験したことのない結果を招く」と発言し、核戦力を含む「抑止力の特別態勢」をとるよう命じた。ウクライナを支援する米欧の介入を牽制するための「核の恫喝」とみられた。一九六二年のキューバ危機以来と言われるほど、核戦争のリスクが懸念された。

元外務省軍縮・不拡散専門官の西田充・長崎大学教授は「冷戦後、ロシアの通常戦力は西側と比べて弱くなり、通常戦力とのギャップを埋めるための核の役割を増大させた。ロシアの核戦略は常に、ロシアと軍事対立すれば、全面核戦争につながるという脅しをかけることだ。小型の非戦略核(戦術核)の使用など、あえて状況をエスカレートさせることで、西側に手を引かせるという戦略もとっているとみられる」と指摘した。

そのうえで、「今後、戦闘が激化し、ロシアが劣勢になり、なんとか挽回したいときに、北大西洋条約機構(NATO)のウクライナへの武器供与やロシアへの経済制裁をやめさせるために、実際に非戦略核を撃ち込む可能性は否めない。核を搭載できる短距離弾道ミサイル『イスカンデル』でも、広島型原爆に匹敵する威力があり、もしも人口密集地に撃ち込まれれば、被害は今の状況とは比較にならない」との懸念を示した。広島、長崎以降、一度もなかった核兵器の実戦使用があり得る、というのが多くの専門家の見方だった。

ロシアが仮に核兵器の使用に踏み切れば、米欧も参戦が避けられなくなり、第三次世界大戦、最悪の場合は核戦争に発展する恐れがある。アメリカのプリンストン大学は二〇一九年、ロシアの一発の警告発射によって、米ロ間の核戦争が起こり、数時間で九〇〇〇万人以上が死傷するとの試算を公表した。(4) ロシアが核兵器の使用を示唆し、「核の恫喝」を続けるなかで、アメリカや同盟国の間で、核抑止力の維持や強化を求める議論が活発になった。

日本国内でも故・安倍晋三元首相や日本維新の会などが、アメリカの核兵器を配備して共同運用する「核共有」について、「日本でも議論すべきだ」と訴え始めた。核共有とは、NATOのドイツ、イタリア、ベルギー、オランダ、トルコの五カ国に戦闘機に搭載できる核爆弾B61が計約一〇〇発配備され、アメリカと共同運用している仕組みのことだ。

日米「拡大抑止」の強化

二〇二二年五月二三日、東京・元赤坂の迎賓館。岸田文雄首相とバイデン大統領は日米首脳会談後に共同声明を発表し、核兵器を含むアメリカの戦力で敵に日本への攻撃を思いとどまらせる「拡大抑止」を強化するとした。岸田首相は記者会見で「閣僚レベルも含め、日米の間で一層緊密な意思疎通をおこなっていくことで一致した」と述べた。

共同声明では、二〇一〇年から定期的に開かれるようになった日米の「拡大抑止協議」(EDD、第3・4章で紹介)を含めて、拡大抑止に関する協議を強化するとした。EDDの参加者のレベルを引き上げることも視野に入れているとみられる。「拡大抑止の強化」は、ウクライナ侵攻後に持ち上がったアメリカの「核の傘」への不安を払拭する狙いがあった。

岸田氏は記者会見で二〇二三年の主要七カ国首脳会議(G7)について、自身の地元である被爆地・広島で開催すると表明した。「G7サミットでは、武力侵略も核兵器による脅かしも国際秩序の転覆の試みも断固として拒否するというG7の意思を歴史に残る重みをもって示したい。広島ほど平和へのコミットメントを示すのにふさわしい場所はない」と強調した。

共同声明では、「核兵器のない世界」に向けて日米が協働することも確認した。NPT体制の強化のほか、「安全保障上の課題に対処しつつ核軍縮に関する現実的な取組を進める」としたが、具体的な取り組みの説明はなかった。

二〇二二年六月二一〜二三日、オーストリア・ウィーンで開かれた核禁条約の第一回締約国会議には、条約を批准していないNATO加盟国のドイツやオランダのほか、オーストラリアなど三四のオブザーバー国を含む八〇以上の国・地域が参加した。当初想定の倍近い規模になった。

採択された政治宣言では、「核保有国やその核の傘に頼る同盟国は、核兵器への依存を低減するための真剣な措置をとっていない。代わりに全ての核保有国は、核戦力を近代化したり、拡大したりするために巨額を投じ、安全保障分野で核兵器の役割を高めることにますます重きを置いている」と断じた。一方、核保有国が参加するＮＰＴとの協力分野を探る担当者を置くと決めるなど、ＮＰＴを補完するための「対話」を模索することも決まった。

日本政府は「現実を変えるためには核兵器国の協力が必要だが、核兵器国は一カ国も参加していない」(松野博一官房長官)として、オブザーバー参加すら見送った。この会議の期間中の六月二一、二二両日、日米両政府はアメリカ東海岸ジョージア州のキングスベイ海軍基地で、ＥＤＤを開催した。アメリカ側には、私が一年前に取材した「核軍縮派」のアレクサンドラ・ベル国務次官補代理もいた。

日本側の発表によると、アメリカ側から「先般完了したＮＰＲに基づき、核の三本柱の態勢と近代化計画を含むアメリカの核能力の現状や、アメリカの核の宣言的政策に関する説明があった」とし、双方は拡大抑止について「突っ込んだ議論」をしたという。両国の代表団はオハイオ級戦略原子力潜水艦メリーランドを視察した。

ウィーンやクウェートで大使を務めた元外交官で、広島平和文化センター元理事長の小溝《こみぞ》泰《やす》義《よし》氏は、二〇二二年一月のオンラインイベントで「核軍縮の検証など、日本が核禁条約の締約国会議にオブザーバー参加をして貢献できることはたくさんある。被爆地出身の岸田首相が理を尽くせば、(オブザーバー参加に)アメリカも反対しないと思う」と語った。

関係者によると、小溝氏ら核軍縮の専門家ら五人が四月、岸田首相から朝食会に招かれた際、小溝氏はオブザーバー参加を改めて求めた。だが、岸田首相は特に反応を示さず、メモをとっていたという。小溝氏は取材に対し、首相との会話の内容は明らかにしなかったが、二〇二三年一一月にニューヨークで開かれる核禁条約の第二回締約国会議に向けて、オブザーバー参加する「外交努力」を求めたと明言し、「日本は核軍縮の検証措置、核の被害者救済など工夫して提案できる。原点である広島、長崎の被爆を明らかにすることも今だからこそ重要だ」と強調した。

NPT会議再決裂、見えぬ日本の役割

核戦争の脅威に世界が危機感を募らせるなかで、二〇二二年八月、NPT再検討会議が七年

ぶりに開かれ、岸田首相は日本の首相として初めて出席を表明した。「核兵器のない世界という『理想』と、厳しい安全保障環境という『現実』を結びつける」と述べ、「核兵器不使用の継続」「核戦力の透明性の向上」「各国指導者らの被爆地訪問の促進」など、五つの行動を基礎とする「ヒロシマ・アクション・プラン」を打ち出した。

だが、岸田首相がかねて訴える核保有国と非核保有国の「橋渡し」について、具体的に語ることはなかった。核禁条約にも一切触れなかった。

国連トップのグテーレス事務総長は「広島原爆の日」の広島平和記念式典に初めて出席し、核保有国に核兵器の「先行不使用」宣言を求めた。NPT再検討会議の最終文書案にも「先行不使用」を求める文言が盛り込まれたが、最終的に削除された。核禁条約についても、発効などの事実関係の記載にとどめられ、締約国会議で政治宣言や行動計画が採択されたことなどは削られた。

そうして妥協点を探った最終文書案だったが、会議最終日にロシアがウクライナに関する記述に反対したため、採択できなかった。二〇一五年の前回会議に続き、二回連続で最終文書を採択できず、再び決裂したことになる。半世紀以上にわたって核軍縮の礎であり続けたNPTへの信頼が揺らぎ、核軍縮の機運がますますしぼむ結果に終わった。

バイデン政権の「核態勢見直し」発表

バイデン政権は二〇二二年一〇月、二五ページの「核態勢見直し」(NPR)を発表した。「核兵器の役割低減」を前面に出す一方、核抑止力はアメリカにとって「最優先事項であり続ける」と強調した。

バイデン氏は就任前、核兵器の「唯一の目的」を核攻撃の抑止に限るとする宣言に意欲を示していた。しかし、NPRでは、核攻撃の抑止を「唯一の目的」とするのではなく、「基本的な役割」とすることで、通常兵器、生物・化学兵器、サイバーによる大規模攻撃に対しても「極限の状況」であれば核兵器を使う余地を残した。核兵器の使用条件を厳格化することは見送った。

NPRは、「唯一の目的」や先行不使用の宣言を「徹底的に検討」したが、「競合国が開発・配備している非核戦力を考えると、受け入れがたいレベルの危険をもたらす」と結論づけたとしている。「唯一の目的」宣言の目標は持ち続け、同盟国と連携するとした。

欧米メディアによると、アメリカ政府はNPR策定にあたり、同盟国へ核政策について質問票を送った。多くの国が「唯一の目的」など大きな核政策変更に否定的な反応を示した。

ロシアや中国に対する抑止力を損なう恐れがあるとして、ヨーロッパのイギリスやフランス、ドイツのほか、インド太平洋地域の日本やオーストラリアなどがアメリカ政府に変更しないよう働きかけたとされる。

NPRは、同盟国に対する拡大抑止(核の傘)を強化するとした。過去一〇年、アメリカが日本や韓国、オーストラリアと拡大抑止協議を続けてきたことに触れ、こうした協議を「強化する」と明記した。ロシアによる核兵器使用の恐れが高まるなど、安全保障環境が厳しくなるなかで、同盟国への配慮を強くにじませる内容になった。

NPRは競合国として、中国について初期段階の「核の三本柱」を構築したとし、今後一〇年以内に少なくとも一〇〇〇発の核弾頭を保有する可能性があると指摘した。ロシアも新STARTに縛られない非戦略核(射程が短い戦術核)を最大二〇〇〇発保有しているとし、「地域紛争でロシアの限定的な核使用を抑止することはアメリカやNATOにとって高い優先課題だ」と記した。そして、「アメリカは二〇三〇年代までに歴史上初めて、二つの核大国と向き合うことになる」と強い危機感を示した。

バイデン政権は、今後三〇年で一兆二〇〇〇億ドルの予算が見込まれる核兵器の近代化計画についても、既定路線を踏襲する計画だ。トランプ政権が実戦配備したことを明らかにした低出力核弾頭について、バイデン氏は就任前には「不要」との認識を示していたが、NPRは「限定的な核使用を抑止するための重要な手段」として、潜水艦への実戦配備を続ける方針を示した。

さらにNPRは、オバマ政権が掲げた「核兵器のない世界」の目標を求め続けるとする一方、核兵器禁止条約は「目標を達成するための有効な手段ではない」と断じた。

こうしたなか、核軍縮の数少ない具体策として、低出力核を搭載した海洋発射巡航ミサイル（SLCM）の開発中止を決めた。核巡航ミサイルは、オバマ政権がトマホークの退役を発表したものの、トランプ政権が開発を表明した経緯があった。アメリカの議会予算局（CBO）は、SLCMと弾頭について二〇三〇年までに約一〇〇億ドルの開発コストがかかると推計していた。[5]

核軍縮や予算削減の観点から中止を決めたが、アメリカ軍幹部や野党・共和党の保守系議員からは反対の声が上がっている。ロシアが「核の恫喝」を続けるなかで、核巡航ミサイルは米ロの非戦略核のギャップを埋めるために有益という主張だ。巨額の核兵器開発計画だけに、軍事企業の反発も強いとみられる。

「核兵器のない世界」という目標に向け、具体的な政策を打ち出せるかが注目されたが、従来からの大きな変更はなかった。これに対し、核軍縮派からは「核戦力や核兵器の役割低減のこれまでの努力は、海外の新たな戦略的競合や国内の国防のタカ派からの反対で抑え込まれた」（全米科学者連盟のハンス・クリステンセン氏ら）といった失望の声があがった[6]。

第 7 章

アメリカのヒバクシャたち

――ハンフォード「死の1マイル」を訪ねて――

アメリカ西海岸ワシントン州ハンフォード近郊の「死の1マイル」と呼ばれる一帯を案内し，「核兵器をつくるために，自分や家族の健康がむしばまれた．私たちもアメリカのヒバクシャだ」と語る，農家のトム・ベイリーさん(2021年2月20日，著者撮影)

アメリカの核戦力の原点

アメリカ西海岸ワシントン州東部の農業地帯に「死の一マイル」と呼ばれる一帯がある。この一帯から風上に約二五キロ離れた場所に「ハンフォード核施設」が建つ。第二次世界大戦中、原爆を開発した「マンハッタン計画」の拠点の一つだ。七七年前、長崎に投下された原子爆弾のプルトニウムがここでつくられた。終戦後も、ソ連との核開発競争の拠点として、長崎型原爆約七〇〇〇発分の兵器用プルトニウムが製造された。アメリカの核戦力の原点とも言える場所だ。

アメリカ政府がこの場所を原爆開発のために選んだのは、秘密が守りやすい過疎地で、川からの原子炉冷却水と上流ダムからの電力供給が可能だったからとされる。もともと住んでいた先住民らは退去を余儀なくされ、全米から集められた労働者ら約五万人が移り住んだ(1)。

琵琶湖の二倍以上にあたる約一五〇〇平方キロの敷地で、冷戦末期の一九八七年に最後の炉が操業を停止するまで、プルトニウムの生産は続いた。その過程で生じた放射性廃棄物約五六

○○万ガロンが地下に埋められている。アメリカで最も汚染された土地と言われる。

私が訪れた二〇二一年二月、一帯の大平原は一面、雪に覆われていた。人の姿はなく、静寂に包まれていた。近くに住む農家のトム・ベイリーさん(七四)が車の助手席に乗って、案内してくれた。ベイリーさんは数百メートルおきに点在する家々を次々と指さしては、こう言った。

「この家の家族は全員、がんで亡くなった」「あの家も両親ががんで亡くなり、娘さんたちは全員、甲状腺の治療を受けている」「向こうの家の奥さんは先天性異常のある赤ちゃんを産んだ後、溺死《できし》させ、自殺してしまった」

ベイリーさんらが一九八六年、一帯に住む二七世帯を調べると、うち二五世帯が家族の誰かががんを患うなど健康問題を抱えていたことがわかった。「今では全二七家族だ」と言う。

ハンフォード核施設から約三キロにあった家で生まれ育ったベイリーさんも、子どものころから病気がちで、肺機能などさまざまな病気を抱えていた。一八歳のときには無精子症だとわかった。父親とそのきょうだい三人、祖父母もがんで死亡した。

ベイリーさんは自宅で声を震わせながら、こう訴えた。

「子どものころはボーイスカウトをしていて、政府が言うことを信じ、国旗に敬礼し、愛国的な市民になるつもりだった。私は良きアメリカ市民だった。『悪の共産主義を止めろ』『共産主義に従うくらいなら死んだ方がまし』。学校でもそんなふうに教わったから。政府が、私たちは安全だと言うのを信じていた。でも、事実は全く違うとわかり、衝撃を受けた」

「私は農家としてトウモロコシを栽培し、牛や豚、鶏を飼い、『生』を育む仕事をしてきた。でも、そうした食べ物も実際には放射能で汚染されていた。放射能は目に見えず、においもせず、味もない。そして、病気の症状が出るまでに一定の時間がかかる。まるで生物兵器だ」

ベイリーさんはこう続けた。「世界はどうして核兵器なんてものをつくったのか。理解できないよ。狂っている。核兵器をつくるために、自分や家族の健康がむしばまれた。私たちもアメリカのヒバクシャだ」

ベイリーさんは広島や長崎を訪れたことがある。二〇一八年にはこの地にやって来た長崎の被爆者らと交流した。「日本に行き、ABCC（アメリカが原爆投下後の広島、長崎に設置した原爆傷害調査委員会、現在の放射線影響研究所）は、被爆者の治療よりも、がんなどの研究をしていたと知った。アメリカのヒバクシャにやっていたことと同じと思った」

ベイリーさんは福島の原発事故にもふれ、「ここの住民と首都ワシントンの人々は全く別世界に生きている。フクシマが自分たちの問題と重なった。フクシマでも一〇～一五年後、がんを患う人が増えるのではないか」と憤った。

暴かれた放射能放出問題

長い間、秘密とされてきたハンフォード核施設の放射能放出の問題を初めて世に知らしめたのは、地元紙の記者だったカレン・スティールさん(七七)だ。

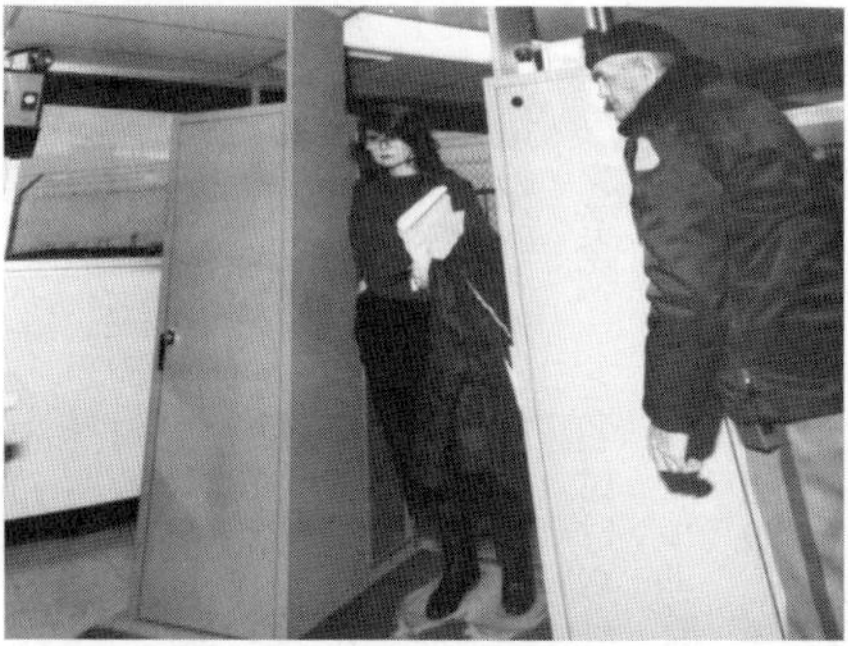

1980年代，ハンフォード核施設を地元紙記者として訪れたカレン・スティールさん(中央)．著者のインタビューに「私たちは核の風下住民の歴史を記憶しなければならない．この地にも知られざる核軍拡競争の被害者がいたことを」と語った(提供：カレン・スティールさん)

レーガン政権が核軍拡を進めていた一九八四年、一本の電話がスティールさんにかかってきた。電話の主は核施設の従業員。放射能放出の疑いがあるとの内部告発だった。まもなく連邦捜査局(FBI)が施設でプルトニウム四〇キログラムを紛失した疑いを調べているという文書を入手し、報道した。

すると、がんや甲状腺障害などの症状を抱える「風下住民」らから電話や手紙が次々と来るようになった。ベイリーさんもその一人で、スティールさんに「死の一マイル」周辺を案内すると、住民の健康被害を記した「死の地図」を示した。一九五〇～六〇年代、防護服のような格好の人々が農家を訪ねてきて、死んだ家畜やそのミルクを調べていたという証言もした。報道の反響は大きかった。

スティールさんは環境団体と協力し、エネルギー省に情報公開請求をした。一九八六年に一万九〇〇〇ページに及ぶ機密文書の公開を受けた。スティールさんの記事を含む複数の地元紙の報道が政府への圧力となったという。文書の読み込みを進めると、施設では四九年、米政府が大量の放射性物質を故意に大気中に放出する「人体実験」をしていたことが判明。「グリーン・ラン実験」と名付けられていた。四四～五七年の一三年間に空気中に放出された放射性物質の量は、スリーマイル島原発事故の数千倍以上にも及ぶという衝撃的な内容だったという。

一九八六年に旧ソ連のチェルノブイリ原発事故が起き、翌八七年にハンフォード核施設は稼働を停止した。九〇年代以降、がんや甲状腺障害などの症状を抱える住民ら約五〇〇〇人が事業請負会社を提訴した。だが、裁判では放射能との因果関係が認められず、多くの人は結審前に亡くなった。周辺の大気、地下水、土壌、川は汚染された。

スティールさんは「長崎型原爆のプルトニウムを製造した核施設は、戦後もソ連という新たな敵との核軍拡競争の拠点であり続けた。従業員らは原子力科学を誇りに思い、経済的にも恵まれ、問題が起きても口を閉ざした。だが、チェルノブイリ原発事故が起きて、同種の事故がハンフォードでも起きるかもしれないという懸念が強まった。従業員は『仕事を失ってしまう』と騒ぎになったが、稼働を再開することはなかった。核をめぐる閉ざされたシステムが外部のチェックを阻み、問題が長年、明らかにされてこなかった」と振り返る。

スティールさんは今、こう考えている。「核兵器のエスタブリッシュメント（既得権層）は議会でもどこでも、大きな力を持ち、それを保ち続けようとする。ハンフォードの風下住民たちがしっかりした補償を得られないのはそのためだ。私たちは核の風下住民の歴史を記憶しなければならない。核兵器を製造した『偉大な科学者』だけでなく、それによって傷つけられた人々の話を語り継ぐのです。原爆が投下された日本の被爆者だけでなく、この地にも知られざる核軍拡競争の被害者がいたことを」

ヒバクの記憶を継承する

アメリカでは二〇一五年、原爆開発の「マンハッタン計画」の関連三施設が国立歴史公園に指定された。ハンフォードでプルトニウム製造に使われた「B原子炉」などのほか、ニューメキシコ州ロスアラモスの原爆の設計や開発がおこなわれた建物、テネシー州オークリッジのウラン濃縮に使われた建物だ。保存を求める声を受けて、施設を所有するエネルギー長官と、国立公園を管轄する内務長官が署名した。B原子炉などは一般公開がされるようになった。[2]

こうした政府の動きに対して、健康被害を受けたと訴える周辺住民らが同じ二〇一五年、核開発の犠牲者の歴史を伝えようと、NGO・コア（CORE：Consequences of Radiation Exposure＝放射線被曝がもたらすもの）を立ち上げた。原爆が投下された広島、長崎や、原発事故があった福島、アメリカが水爆実験をしたマーシャル諸島のヒバクシャなどとの連帯を視野に入れた「ヒバク博物館」をつくる計画をめざし、寄付や資料の提供を呼びかけた。関係者によると、まずはそうした国内外のヒバクシャやヒバク二世、三世らも含めた証言などを紹介するウェブサイトをつくろうと話し合いを続けている。

ハンフォード核施設の技術者の娘で法律家のトリシャ・プリティキンさん（七二）は、このNGOの中心メンバーの一人だ。ハンフォード核施設でつくられたプルトニウムが使われたのは、長崎原爆だけではない。広島、長崎への原爆投下直前にあったニューメキシコ州のトリニティ・サイトでの世界最初の核実験で使われ、太平洋でおこなわれた水爆実験にも用いられた。

プリティキンさんは「甲状腺障害やがんなどの症状は、ハンフォードのほか、核実験や生産施設、水爆実験がおこなわれたマーシャル諸島などの風下住民にも見られ、繰り返されている病気のパターンだ。一九四四年に操業したハンフォード核施設は静かな場所に建てられ、キノコ雲の核実験とは対照的に、（核被害の実態は）目に見えないものだった」と言う。

プリティキンさんの父は甲状腺がんで亡くなり、母も甲状腺を患って死去した。兄も生後間もなく亡くなった。「長期の低線量被曝をした人は通常、病気を発症するまでに潜伏期間がある。私の場合はとても弱い年頃である一〇歳まで（ハンフォードの隣町）リッチランドで育ち、放射能にさらされていた」と話す。一〇代の終わりごろに激しい体重の増減や胃腸障害、慢性疲労に悩まされ、生理が一時止まった。二人の子どもを授かったが、やはり健康問題を抱えていた。自身も甲状腺にがんの疑いがあることがわかり、切除手術をした。

プリティキンさんも、ハンフォード核施設の風下住民ら約五〇〇〇人が事業請負会社を提訴した訴訟に加わったが、多くは健康被害と放射線被曝との因果関係は認められなかった。「自分が風下住民の話を世に出さなければ、忘れ去られてしまう」。そう考えたプリティキンさんは他の風下住民二五人に自ら聞き取りをおこない、その声をまとめた著書 *The Hanford Plaintiffs*（ハンフォードの原告たち、未邦訳）を二〇二〇年に出版した。カリフォルニア州に住むプリティキンさんは私費を投じて、それぞれの人々を訪ね、その声に耳を傾けた。

プリティキンさんはこう話す。「『風下住民』が何を意味するかさえも周囲に理解されず、孤独感を抱いている人が多い。西海岸の北部以外ではハンフォードがどこにあるかも知られていない。私の本は地元にある複数の大学の講義で使われ、全く問題を知らなかった学生の多くは衝撃を受ける。でも、多くの若者は核の問題を真剣に考えていない。多くの除染作業員がハンフォードで働いているが、一部はすでに病気を発症し、新たな『風下住民』の被害者になる恐れがあるのに……」

一九八〇年代から施設の監視活動を続けてきたNGO「ハンフォード・チャレンジ」代表で弁護士のトム・カーペンターさんは、冷戦期の一九六〇年代に育ち、核戦争の恐怖から避難訓練に参加した。「都市に核爆弾が落とされた事態に備えて、子どもながら机の下に隠れた。キノコ雲と核爆発の映像を見て、怖いと感じた」と、少年時代を振り返る。

ロースクールを卒業して弁護士になり、ハンフォードの問題に本格的に取り組み始めた。「多くの労働者が呼吸器を守るための万全の防護をせずに、タンクから漏れた化学物質を吸い込み、長期にわたって健康を害し、亡くなった人もいた」

ハンフォード核施設周辺では、土壌や地下水の汚染除去や、核兵器開発に使われた原子炉の廃炉のため、米エネルギー省の請負会社の従業員ら約一万人が働いている。除染作業は核施設のプルトニウム生産停止後の一九八九年から続いているが、地中の一七七個のタンクに貯蔵する大量の高レベル放射性廃液はそのままになっている。

カーペンターさんは、「除染は進んでいない。アメリカ国民が払った巨額の税金が除染に使われているが、高レベル放射性廃液は全く処理できていない。私たちの活動の中心は、労働者や地域の住民、環境、そして将来を担う世代を守ることだ」と話した。

隣町では核兵器に親近感も

だが、核施設による健康被害が問題化しても、この地域では原爆や核兵器に否定的な声は大きくない。ベイリーさんが問題を告発すると、「地元の恥だ。余計なことを記者に言うな」という抗議や、「殺すぞ」といった脅迫電話が相次いだ。

いったい、なぜなのか。この地域の実情を知ろうと、私はハンフォードの隣町リッチランドにある高校を訪ねた。

校舎の壁に大きく描かれたキノコ雲の絵と、「BOMBERS」(爆撃機)という文字が目に飛び込んできた。過去に日本の被爆者が訪問し、高校生や住民らと原爆について話し合いを持ったこともあるが、平行線に終わった。

近所に「アトミックエール」(原子力のビール)という名のパブがあった。店内に入ると、「アト

上：ハンフォードの隣町リッチランドにある高校の外壁には，キノコ雲のシンボルマークが描かれている（2021年2月20日，著者撮影）
下：リッチランドの幹線道路沿いにある「アトミックエール」（原子力のビール）という名のパブ（2021年2月20日，著者撮影）

ミック・シェフ・サラダ」や「マンハッタン計画」「原子炉」などの名前のピザを出していた。地元では「戦争を終わらせた原爆をつくった」との誇りは強くあり、核兵器への抵抗感が薄いどころか、親近感を寄せている人も少なくない。

二〇一八年三月、この街を長崎市の被爆者、森口貢《みつぎ》さんが初めて訪れた。同行していた複数の人たちは「森口さんは高校でキノコ雲の絵を見て、つらそうだった。学生らに被爆体験などを話し、理解する人もいたが、抵抗感を示す人も多かった」と振り返る。

元リッチランド市長のジョン・フォックスさん（九二）も被爆者の訴えをすんなり受け入れられなかった一人だ。自分で車を運転して、取材を約束した場所に現れると、開口一番、こう切り出した。「二発の原爆が戦争を終わらせてくれたおかげで、私は徴兵を逃れて大学にも入ることができた。アメリカが日本本土に侵攻していれば、日米双方の多くの人が殺され、自分も死んでいただろう。原爆はひどい形でたくさんの人の命を奪ったが、私がそうなることを防いだことは、私にとっては幸運だった」。フォックスさんはこの街を訪れた長崎被爆者の森口さんとも交流した。森口さんの被爆体験に耳を傾けた後で、持論を展開した。自身の考えが変わることはなかったという。

フォックスさんは戦後、ハンフォード核施設の技術者として四〇年以上働いたあと、リッチランド市長を六年務めた。現在は五万人余りがリッチランドに住む。もともとは政府が所有していた土地と建物を冷戦初期に住民に割り当てた。核開発という国策が推し進められ、住民の大半が核施設か関連会社で働く「核の城下町」だった。

フォックスさんは「核施設は地元に経済的な繁栄をもたらした。（施設閉鎖後は）市長として経済の多角化を進めてきた」と語る。放射能放出と住民の健康被害を問うと、「施設は第二次世界大戦中に緊急で建設され、放射能の問題はよく理解されていなかった。除染はもっと早く始められていればよかったが……。だが、私が知る限り、重大な事故は一回程度で、（従業員）一人が負傷したくらいだった。（健康被害を訴えた住民は）もともと体が弱かったのだと思う。特に強い因果関係はないと思う」と言った。

「2発の原爆が戦争を終わらせてくれたおかげで，私は徴兵を逃れて大学にも入ることができた．歴史的に重要な役割を果たしてきたハンフォードを誇りに思う」と語った元リッチランド市長のジョン・フォックスさん（2021年2月20日，著者撮影）

私は最後に、「アメリカと世界にとって核兵器は必要だと思うか」と聞いた。答えはこうだった。「我々はすでに核兵器を持っている。すべての核保有国が核廃絶に同意しない限り、どこかの国が先に手放すことはないだろう。他国を一〇〇％信頼することはできない」。そして、「ハンフォードは戦時中、プルトニウムの一大生産拠点となり、冷戦期は米ソの激しい生産競争の場となった。歴史的に重要な役割を果たしてきたハンフォードを、私は誇りに思う」と語った。

疎外された核大国のヒバクシャ

これまでに世界では二〇〇〇回以上の核実験が実施された。このうち最も多いのがアメリカで、一一〇〇回以上にのぼる。その多くがネバダ州のラスベガス北西の砂漠にあるネバダ実験場で、九〇〇回以上だ(3)。

アメリカ政府は安全性を強調してきたが、ネバダ実験場では風が北か東に吹いているときだけ実験を実施し、風下にあるネイティブアメリカンの居住地やモルモン教の聖地の街に放射性物質を含む「死の灰」を降らせた。一方、ラスベガスやサンフランシスコ、ロサンゼルスといった大都市には影響が及ばないようにしていたとされる。

アメリカは一九四六〜五八年、第五福竜丸が被曝したことで知られるマーシャル諸島のビキニ環礁とエニウェトク環礁で計六七回の核実験をおこなった。

このほか、ハンフォード核施設以外にも、トリニティ・サイトなど各地の核施設や核実験場周辺で住民らが健康被害を訴えている。核大国のアメリカは実のところ、「ヒバク大国」という一面もある。(4)

それにもかかわらず、アメリカ国内のヒバクシャの存在はほとんど知られていない。広島出身の被爆二世で、シカゴにあるデュポール大学で教鞭をとる宮本ゆき教授は、核実験場や核施設のある地域は、原子力が主要な産業であり、住民が経済的に依存して、被害を訴えられないケースが多いと指摘している。

宮本教授は著書『なぜ原爆が悪ではないのか——アメリカの核意識』（岩波書店）のなかで、「核兵器の被害者は『アメリカ外』の存在、『他者』とされ『国民の物語』から排除されてきた。だからこそ、あれだけの数の実験を自国でしておいて、実験は他国からの攻撃を避けるものだ、

という本末転倒な核抑止論という物語が支持されてきている」と主張する。(5)

リッチランド高校のキノコ雲のシンボルマークが示すように、核施設周辺では、原爆や核兵器の製造が美化され、「国を守った誇り」として語られている。軍を批判することは「愛国心の欠如」と見なされる。軍や原子力によって発展してきた街であれば、なおさら被害を訴えることは難しい。

宮本教授は、アメリカで放射能被害が語られないのは、「『核抑止論』という国策を根底から覆してしまうからだ」と指摘する。「核抑止論は自国民に多大な被害を強いているという事実を無視してしか成り立たない」という見方を示す。

宮本教授は私の取材に対して、「『銃があるから、銃で予防する』というアメリカ社会の論理は、核兵器にもつながっている。アメリカが核兵器を持つのはいいが、北朝鮮やイランはダメだと言う。核兵器自体の善悪を問うのではなく、誰が使うかというところで、『アメリカは民主主義で自由の国だから、大丈夫』と、自国を信頼している。いまだに核兵器が科学の力の到達点ととらえられたり、『核兵器のおかげでアメリカが守られてきた』と語られたりしている」と話した。

そして、こう続けた。「アメリカでは核兵器を持つことと、ヒバクが切り離されてきた。保有しているから狙われるかもしれないし、保有することでヒバク者を出すが、そこが見えていない」

「核兵器を持たなければ、自分たちが被害に遭う」

アメリカ人ジャーナリストのジョン・ハーシーは、原爆投下から九カ月後の一九四六年五月、広島に入り、原爆を生き延びた故・谷本清牧師をはじめ、医師、戦争で夫を失った女性ら六人の被爆者にインタビューした。原爆投下後の広島と放射能被害の実態を暴いたルポ『ヒロシマ』は、四六年八月の『ニューヨーカー』誌に掲載され、世界各国でベストセラーになった。

出版から七五年が経った二〇二一年、報道の舞台裏を描いたノンフィクション『ヒロシマを暴いた男　米国人ジャーナリスト、国家権力への挑戦』(邦題、集英社)が出版された[6]。カリフォルニア州に住む著者のジャーナリスト、レスリー・ブルームさんは私の取材に、「ハーシーは、日常生活を営んでいた普通の人々に何が起きたか、を克明に描いた。家族と一緒にいた人、通勤途中だった人、新聞の朝刊を読んでいた人……。人々がどのように核兵器の被害を受け、目の当たりにし、生き延びたのか、想像を絶する。ハーシーの『ヒロシマ』は原爆被害の実態を明らかにし、核戦争を防いできた」と話した。

ハーシーより早く、原爆投下直後に広島に入った海外の記者はいた。だが、アメリカ政府は放射能による被害の報道を抑え込んでいた。日本国内でも占領下で連合国軍総司令部(GHQ)による検閲があり、広島、長崎の原爆被害の取材や報道は統制されていた。そうしたなか、被爆者の証言に丁寧に耳を傾け、被害の生々しい実態を世界に知らしめたのはハーシーが最初だった。

『ニューヨーカー』編集部は長い議論の末、掲載直前の記事を検閲に出した。マンハッタン計画と呼ばれる米国の原爆開発を指揮したレスリー・グローブス将軍は少しの書き直しを命じただけで出版を許可した。いったいなぜだったのか。

ブルームさんは「ハーシーと編集部は記事が出れば、人々は『二度と繰り返してはいけない』と核兵器への支持をやめると思った。一方、グローブス将軍らは、アメリカ人が記事を読んで『自分たちを守るためにより強力な核兵器を開発しなければ、次は自分たちが被害に遭う』と思うだろうと考えた。両者に認識のギャップがあった」との見方を示した。

ハーシーの作品をどう読むかは人によってさまざまだろうが、「強力な核兵器を持たなければ、今度は自分たちが恐ろしい被害に遭う」という心理は、何もアメリカ人に限らないかもしれない。

ロシアの軍事侵攻を受けたウクライナは、冷戦後、一時的に「世界第三の核保有国」となったが、一九九四年に結んだ覚書で数千発の核兵器をロシアに移し、非核兵器国となった。当時のウクライナには核兵器を使う権限も能力もなかったが、「核兵器を手放したから、侵略を招いた」という見方が世界に広がった。日本でも故・安倍晋三元首相ら一部の政治家が、同じ議論をもとに、アメリカの核兵器を日本に配備して共同運用する「核共有」論を主張し始めた。

全米市長会議の挑戦――変化は自治体から

核兵器の問題をめぐり、アメリカの市民社会に小さいながらも軍縮・核廃絶に向けた動きが出ている。

アメリカ国内の人口三万人以上の一四〇〇を超える都市で構成する「全米市長会議」は二〇二一年八月、アメリカ政府に対し、核兵器禁止条約を歓迎し、核廃絶に向けた即時行動を求める決議を全会一致で採択した。

年次総会で採択した決議は「核禁条約への反対を撤回するよう検討し、核兵器のない世界の実現に向けた合意形成への前向きなステップとして歓迎するよう呼びかける」としたほか、アメリカの核戦力の近代化計画を中止し、そうした財源をインフラ整備や貧困問題、気候危機などの対応に充てることも求めた。

全米市長会議は二〇〇四年以降、核兵器廃絶に賛同する決議を重ねてきた。決議に法的拘束力はないが、アメリカ政府や市民への明確なメッセージとなった。他の七市と決議を共同提案したアイオワ州デモイン市のフランク・カウニー市長らによると、決議には国際問題を扱う委員会で二人の市長が反対し、微修正した。その上で二〇人超が参加する年次総会役員会で全会一致による採択がなされた。

カウニー氏は取材に、「私たちは長年、(核廃絶に)取り組んできたが、核戦争の危険は高まっている。米ロや米中間の緊張は著しく高まり、核兵器を使った衝突が起こる可能性がある。しかし、こうした危険に対する市民の認識は不十分だ。ほとんどのアメリカ人は核禁条約を認識すらしておらず、核兵器の脅威を理解しているとも思えない」と指摘した。

決議の意義についてカウニー氏は、「最も大きな声を上げられるのは、市民の日常生活に一番近い地方自治体。新型コロナとの戦いでも最前線に立っている。核問題も地方自治体が立ち上がるべきだ」と述べた。決議を受け、各市長らが各州選出の上院・下院議員や連邦政府に働きかける考えを示した。

全米市長会議は二〇二二年六月には、核廃絶をめざす世界の八二〇〇以上の都市でつくる国際NGO「平和首長会議」（事務局・広島市）が掲げる一万都市加盟の目標達成を支援し、全米市長会議のメンバー都市に平和首長会議への加盟を要請する決議を採択した。

アメリカ最大の都市ニューヨークの市議会は二〇二一年一二月、アメリカ政府に核禁条約への支持と参加を求める決議を賛成多数で可決した。決議はニューヨークが、第二次世界大戦時、原爆が開発された「マンハッタン計画」が始まった場所であることに言及し、「核兵器の使用や実験などによる全ての被害者との連帯を表す特別な責任がある」とうたう。

決議は、「広島、長崎に投下された原爆が二〇万人以上を殺害した後も、数十万人が核兵器の実験による放射能にさらされてきた。被爆者や核実験の影響を受けた人々の苦しみには耐えがたいものがある」とし、「いかなる状況でも核兵器が二度と使われないことを保障する唯一の方法は核廃絶だ」と強調した。さらに、市の会計検査官に対し、市の公務員の年金基金の投資を核兵器関連企業から引きあげることなども求めた。

この決議を後押ししたのが、二〇一七年にノーベル平和賞を受賞した国際NGO・核兵器廃絶国際キャンペーン（ICAN）が展開してきた「シティーズ（都市）・アピール」だ。

これは核兵器が使われれば被害を受ける恐れが強い都市から、条約への参加を自国政府に求めてもらうという取り組みだ。ICANによると、二〇二二年一月時点で、一九カ国五二四都市がアピールに賛同した。広島、長崎両市のほか、アメリカの首都ワシントンやロサンゼルス、パリ、ベルリン、バルセロナ、シドニー、バンクーバーといった世界的な大都市が名を連ねる。

アメリカの市民社会にも変化の兆し

オバマ大統領広島訪問の前年の二〇一五年、アメリカのピュー・リサーチ・センターがおこなった世論調査では、アメリカの市民の五六%が「原爆投下を正当化できる」、三四%が「できない」と答えた。「正当化できる」と答えた人は、一九九一年の別の調査の六三%から下がった。世代別には六五歳以上の七〇%が「正当化できる」と答えた一方、一八歳から二九歳では四七%だった。

一九九五年の著書『原爆投下決断の内幕――悲劇のヒロシマナガサキ』(邦題、ほるぷ出版)で、日本への原爆投下は軍事的に必要なかったと論じたことで知られるアメリカの歴史学者、ガー・アルペロビッツ氏にインタビューすると、「アメリカでは若い世代ほど投下を正当化できないと考える人が多くなっており、その傾向はさらに強まっている」と語った。

その理由として、「まず、第二次世界大戦を経験した退役軍人の多くが亡くなった。イラクやアフガニスタンなどの経験を経て戦争一般への嫌悪感が強まっている。若い世代は今の政治指導者にも懐疑的だ。大学教員らは以前よりも原爆使用について両面を語るようになっている。原爆投下をめぐっていまだに論争はあるが、以前よりもずっと開かれた議論ができるようになっている」と指摘した。

前出の宮本ゆき・デュポール大学教授は、倫理学の講義を担当し、「原爆諸説」や「核の時代」といった授業を一五年以上教えてきた。二〇二二年春、地元の学校の先生たちと協力し、小学校六年生に原爆のことを教える授業に初めて挑んだ。「大学から教えるのでは遅い」という思いがあったという。

子どもたちは、原爆に関する新聞記事やエッセーなどを事前に読んできて、「原爆を落とすべきだったか」などについてグループディスカッションをした。「民間人を標的に落とすべきではなかった」などとして反対の声が多かった一方で、「日本軍は残虐だった」といった理由で賛成意見も出たという。

宮本教授は「生徒たちの質問は鋭く、好感触を持った。先生たちからも『問題の根の深さがよくわかったので、ずっと続けていきたい』という声があがった」と振り返る。

核兵器は、環境と並んで人類を脅かす問題でもある。アメリカのラトガース大学などの研究チームは二〇二二年八月、核戦争が起きれば、爆発によって大気中に飛び散った粉じんが太陽を遮り、気温が低下する「核の冬」が起き、最悪の場合は世界で五〇億人以上が餓死するという試算を発表した。

宮本教授は、「市民の意識が変われば、制度が変わる。アメリカでは政府を動かそうとする草の根の市民活動が多い。（人種差別に抗議する）ブラック・ライブズ・マター運動や環境問題と同じように、核兵器の問題でも市民の盛り上がりが実際に政府を動かし、変革をもたらす可能性がある」と希望を語った。

おわりに

私は新聞社の海外特派員として、最初に中東のエルサレム支局に赴任した。パレスチナ問題をはじめ、中東・アフリカ各地で紛争や内戦、テロなどの現場を取材し、戦争で傷つく多くの市民と出会った。

そこから、世界一の軍事大国アメリカのワシントンに異動し、外交・安全保障を担当した。特に核問題では、アメリカの動きが最重要であり、その核政策は大事な取材テーマとなった。国防総省や国務省の記者会見やシンクタンクのセミナーに出たり、アメリカメディアの記事を読んだりして、日々の動きや背景を追った。国際政治の中心地だけに膨大な情報が集まる。英語のハンディもあり、それを日本語にして発信し続けるのに追われた。

そうしたなかでも、現地に身を置く特派員でなければできないこととして、私は二つのことを考えた。一つは、アメリカ政府や軍の高官に独自に取材し、一次情報をつかんで伝えることだ。

もう一つは、核兵器をめぐる現場を訪れ、ルポルタージュの形で報じることだった。核兵器の現場ルポは、日本語ではほとんどなく、英語メディアでも少ないため、読者の興味や関心に応えるものになるのではないかという期待もあった。日本では触れられているのとは違う視点から、「核兵器のある世界」の現実を提示したいと考えた。

核兵器をめぐる一連の取材で見えてきたのは、本書でこれまで紹介したように、冷戦期から変わらない施設や装備もあり老朽化の問題を抱えていること、ヒューマンエラーを含む重大事故が繰り返されてきたこと、相手が核攻撃を仕掛けたとする誤警報やサイバー攻撃で、報復攻撃をして核戦争に発展する恐れがあること、核基地が狙われて市民が巻き込まれる危険があることなどだ。

それにもかかわらず、核兵器はなぜ必要とされ続けているのか。政府や軍などは、厳しい安全保障環境のなかで、核保有国のアメリカ、ロシア、中国などの「大国間競争」が激しさを増していることを理由に挙げる。バイデン政権は「核態勢見直し」(NPR)で、「アメリカは二〇三〇年代までに、歴史上初めて、二つの核大国と向き合うことになる」と強調した。国家の存亡のかかった局面で、なくてはならない選択肢を持ち続けるという安全保障上の強固な意思がある。だからこそ、核保有国はいま、核兵器の近代化を競い合っている。

ただ、私はアメリカ政府関係者や軍高官らへの一連の取材を通じて、それだけではないと感じた。通常兵器とは次元が異なる威力の核兵器、絶対的な強さを持つことで「強い国」たり得るという国際政治上の核保有国の「信奉」があるように思う。軍産複合体の利権や、企業城下町、核基地の地元自治体などが核兵器に依存していることも見逃せない。「強力な核兵器を持たなければ、自分たちが被害に遭う」というメンタリティーは七七年前の広島、長崎以来、変わりないのではないか。国家の安全保障政策を重視し、核兵器によって犠牲になるかもしれない市民や軍人など「人間」の視点が軽んじられがちであることも感じた。

ロシアに侵攻されたウクライナの市民から、「ウクライナが冷戦後に核兵器を手放したことは失敗だった」という声があがっている事実は確かに重い。ロシアが「核の脅し」を繰り返し、核戦争の脅威が現実味を帯びるなか、核兵器を二度と使わせないために、核抑止力の維持・強化が必要という考え方が勢いを増している。東アジアの安全保障環境も厳しく、唯一の戦争被爆国である日本でもアメリカの核兵器を配備し、共同で運用する「核共有」の議論を求める声まで上がった。一方で、いまこそ早期の核廃絶が必要だという声も強まっている。双方の溝が深まったことで、核軍縮がいっそう進まなくなっている現実がある。

被爆者の森重昭さん．「核兵器の被害に国境や国籍は関係ない．今使われれば，全世界に大変な被害が出る」と語った(2022 年 11 月 6 日，広島の自宅にて，著者撮影)

私は「核兵器を使った側」のアメリカから、「核兵器を使われた側」の広島に転勤した。冷戦後三〇年経っても核保有国に根強い核抑止論と、被爆地の核廃絶の願いのギャップを埋めることは簡単ではないが、核兵器が使われた現場である広島で出会った三人の話がヒントになればと思い、紹介したい。

被爆者の森重昭さん(八五)は、「核兵器の被害に国境や国籍は関係ない」と考える。森さんは、二〇一六年五月、広島の平和記念公園でオバマ大統領(当時)に抱き寄せられる姿が世界中で報じられた。

一九四五年のあの日、八歳の森さんは通学途中だった。爆心地から二・五キロの橋の上を歩いていると、隣の友人が「B29だ！」と叫び、空を見上げようとした瞬間に爆風に吹き飛ばされた。爆心地に近い側にいた友人二人は大やけどを負って亡くなった。

「水深三〇～四〇センチの川の中に落ち、両手の一〇本の指を数えようとしたが、あたりは真っ暗で数えられなかった」「体が裂け、内臓が飛び出している人がいっぱいいて、血だらけの人に息も絶え絶え、助けを求められた」。私にそう語った。

爆心地から北東に約三〇〇メートルのビルの裏手に、被爆米兵の慰霊銘板がひっそりとある。森さんは戦後、会社勤務のかたわら、原爆犠牲者の調査を進めるなかで、搭乗していた爆撃機が撃墜され、捕虜となった米兵が被爆死していたことを知り、遺族と交流を続けてきた。二〇二一年三月、ラーム・エマニュエル駐日米国大使が広島を訪問した際には昼食を共にし、爆撃機の破片を渡し、「日本には地獄の爆撃機としてやって来たが、アメリカには平和のハトとなって帰ってほしい」と伝えた。大使は「喜んで受け取ります。アメリカに帰ったら、皆さんに披露します」と答え

広島市中区にある被爆米兵の慰霊銘板．森重昭さんの発案で 1998 年に完成した．「このささやかな記念碑で，戦争の残虐性が永久に刻まれますように」などと英文で記されている（2022 年 11 月 6 日，著者撮影）

たという。

森さんは、「アメリカ人は敵だと思ってきたが、同じ人間だとわかった。戦争で、傷ついて悲しむのは敵も味方もない。時代遅れの核兵器の副作用についてもっともっとみなさんが知るべきだ。いまの核兵器の威力は広島、長崎原爆よりずっと大きく、使われたら全世界が大変なことになる。アメリカ人も世界の人も、自分の問題として考えてほしい」と力を込めた。

アメリカの地方にいるヒバクシャが見えない存在になっていることを第7章で取り上げたが、核被害は人類共通の重大問題という理解を、特に核保有国で広げられるかが鍵を握る。

二〇二二年、被爆者健康手帳を持つ被爆者は初めて一二万人を下回り、平均年齢は八四歳を超えた。被爆者が年々少なくなるなか、私たちは核廃絶に向けて何ができるのか。

アメリカ出身で、広島平和文化センターの理事長を二〇〇七年から六年間務めたスティーブン・リーパーさん(七四)を中国山地の古民家に訪ねると、「平和が負けたようで、無力感を感じる。核兵器の問題を解決できなければ、人類の将来はない。敵対心が協力を不可能にしている」と厳しい表情で語った。

リーパーさんは自らハンドルを握って、被爆者をアメリカ各地に運び、「全米原爆展」を一

元広島平和文化センター理事長のスティーブン・リーパーさん．「核兵器の問題を解決できなければ，人類の将来はない」と語る（2022年9月3日，著者撮影）

〇〇以上の都市で開催した。核廃絶をめざす都市でつくる国際NGO「平和首長会議」の加盟都市を三倍に増やした功績の持ち主でもある。そんなリーパーさんはある「秘策」を口にした。

「いま、核兵器が本当に使われるかもしれないという怖さから、新しい動きが生まれるかもしれない。対人地雷禁止条約ができたのは、故ダイアナ妃によるアピールが大きかった。核兵器の問題でも世論を動かさなければいけない。一つの望みが、ジェームズ・キャメロン監督です」

世界歴代最高の興業収入を記録した映画「アバター」(二〇〇九年)などで知られるキャメロン監督は二〇〇九年に長崎を訪れ、広島と長崎の両方で被爆した故・山口彊《つとむ》さんと面会し、原爆を題材とした映画をつくる構想を明かした。リーパーさんは最近、原爆投下をめぐる著作がある友人のアメリカ人作家チャールズ・ペレグリーノ氏から「キャメロン監督が原爆を題材にした映画をそろそろつくり始める」と聞いたという。「人種差

広島市中区でおこなわれた国連トップのグテーレス事務総長（右端）と若者が対話するイベントで司会を務めた倉光静都香さん（左端）（2022 年 8 月 6 日，上田潤撮影）

別の問題もそうだったが、あらゆる運動は人の痛みから出る。核兵器の痛みはある程度の想像力がなければわからないし、見たくない人は無視しやすい。映画は、私たちの（核廃絶の）キャンペーンの中心になる可能性がある」と期待を語った。

　人種差別や環境問題などと同じく、核兵器の問題でも世論のうねりがアメリカや世界で高まり、市民社会が政治を動かせるかが注目される。

　核廃絶や軍縮に取り組む若者たちの注目すべき動きも増えている。

　広島女学院高校（広島市中区）の生徒は二〇一三年から、アメリカのミドルベリー国際大学院ジェームズ・マーティン不拡散研究センター（カリフォルニア州モントレー市）主催の軍縮教育プロジェクトへの参加を続けている。核軍縮や安全保障について専門家らから数カ月間、学んで準備し、アメリカやロシアの高校生と議論してきた。アメリカの高校生の多くは「現在」の世界情勢から核軍縮・不拡散をとらえ、「過去」は冷戦までしか意識していない。広島の高校生が被爆の実相を訴えると、衝撃を受けるという。

広島女学院高校を卒業後、アメリカの大学に進学し、現在はミドルベリー国際大学院で核不拡散などを専攻する倉光静都香さん(二五)は、「高校三年の時、プロジェクトの準備のための講義で、『中国の原子力潜水艦の(核ミサイルの)射程に日本が入っている』と聞いたときは衝撃だった。広島で育ち、原爆については勉強しているつもりだったけど、現在はそれ以上の威力の核兵器が使われる恐れがあると知り、広島のメッセージを伝えるだけでなく、軍縮に取り組む必要があるとはっきり自覚した」と、自身の原点を振り返る。

広島で平和教育を受け、被爆者との親交も多かった倉光さんは、アメリカで核軍縮や安全保障の勉強を進めるうちに、両者の溝の深さに直面した。「アメリカで広島のメッセージを発信しようとしたら、『ああ、広島ね』と一線を引かれた経験がある。逆に広島で核軍縮や安全保障の観点で話をして、一線を引かれたこともある。両者の壁を体感した。私は最初、核ミサイルの名前や種類を勉強することに抵抗があったし、核戦略の理論を学んでいるときも被爆者を思い出して、勉強が手につかなくなることもあった。でも、いまは両方の視点を持たなければ、溝は埋まらないと思うようになった」

核保有国と非核保有国の間だけでなく、核保有国、非核保有国それぞれの間でも核兵器をめぐる溝が深まり、多極化している。倉光さんは「それぞれのやり方で、核兵器が使われることなく、核軍縮が進めばいい。どれが正しいとか、正しくないではなく、前向きに考える。将来は核軍縮・廃絶をめざす国際機関などで溝を埋める仕事をしたい」と語った。

本書では、各地のルポや当局者、専門家らの証言を交えて、核兵器に安全保障を頼る危うさに触れた。ウクライナ危機は、核保有国の指導者が冷静さを失い、世界を破滅させかねないリスクを浮き彫りにした。「核兵器のない世界」を最終的に実現させるために、「使えない核兵器」あるいは「使いにくい核兵器」による抑止への依存を減らし、やがてはなくしていくために、通常兵器による抑止をどう構築すればいいか。アメリカやロシア、中国をはじめとする核保有国の核戦力を透明化し、核軍縮や軍備管理をどのように前に進められるか。核兵器不拡散条約(NPT)と核兵器禁止条約は補完し合えるか。核兵器の非人道性について、アメリカをはじめ、核保有国の政府や市民にどう伝え、響かせるか――。

私たち一人ひとりが核兵器や安全保障の問題を「自分事」として考え、理解を深めたうえで、具体的な対案も示しながら、議論を深める必要があると思う。もとより、唯一の戦争被爆国で、アメリカのアジア最大の同盟国である日本の役割は大きい。私自身、これからも取材や報道を通じて、そうした議論の一助になりたい。

アメリカや日本で多くの方々にお世話になりました。本書の執筆にあたり、西田充・長崎大学教授のご指導を受けました。日本人記者の取材に丁寧に応じてくださった全ての方々に感謝します。本書のもとになった朝日新聞や朝日新聞デジタルの連載を見てくれた国際報道部の杉山正デスク(現ヨーロッパ総局長)をはじめ、多くの諸先輩や同僚に助けてもらいました。岩波書店の清宮美稚子さんには本書の出版に背中を押され、的確な助言で完成まで導いていただきました。支えていただいた全ての皆様に感謝します。

二〇二二年一一月

渡辺　丘

核をめぐる世界の動き関連年表

年月	アメリカ	世界
1945・7	世界初の核実験(トリニティ)	
8	広島、長崎に原爆投下	
1949・8		ソ連が初の核実験。米ソの核開発競争の時代に
1952・10		イギリスが初の核実験
1954・3	ビキニ環礁で水爆実験。第五福竜丸が被曝	
1960・2		フランスが初の核実験
1962・10	キューバ危機。米ソが核戦争の瀬戸際に	
1964・10		中国が初の核実験
1967・12		佐藤栄作首相が非核三原則を表明
1970・3		核兵器不拡散条約(NPT)が発効

1974・5		インドが核実験
1976・6		日本がNPT批准
1979・3	スリーマイル島原発事故	
1983・12	「米ソの核戦争は気候に影響し氷河期をもたらす」という「核の冬」の理論が提唱される	
1985・11	米ソ首脳が「核戦争に勝者はない」で合意し、共同声明に	
1986・4		ソ連のチェルノブイリ原発事故
1987・12	米ソが中距離核戦力(INF)全廃条約に署名	
1989・12	米ソ首脳がマルタで冷戦終結宣言	
1991・7	米ソが第一次戦略兵器削減条約(START1)署名	
1991・12		ソ連崩壊。ウクライナ領内に核兵器が残る
1993・1	米ロがSTART2署名(発効せず)	
1994・12	米英ロがブダペスト覚書に署名。ウクライ	

核をめぐる世界の動き関連年表

	ナ領内の核兵器はロシアへ	
1995・1	エノラ・ゲイの展示をめぐって激しい議論となり、スミソニアン博物館の「原爆展」が中止に	
1995・5		NPT無期限延長を決定
1996・7		国際司法裁判所が「核兵器の使用と威嚇は一般的には国際法違反」と勧告的意見
1996・9		包括的核実験禁止条約（CTBT）が国連で採択（アメリカなどが批准せず、未発効）
1998・5		インドとパキスタンが地下核実験実施
2000・5		NPT再検討会議で核保有国による「核兵器廃絶への明確な約束」を含む最終文書を採択
2003・1		北朝鮮が1993年に続き、NPT脱退を宣言
2006・10		北朝鮮が核実験。17年までに6回実施
2007・1	ウィリアム・ペリー元国防長官ら四賢人が	

	意見論文「核兵器のない世界を」を米紙で発表	
2009・4	オバマ大統領がプラハで「核兵器のない世界をめざす」と演説	
2009・8	空軍にグローバル攻撃軍団新設	
2010・2	日米拡大抑止協議(EDD)開始	
2010・4	オバマ政権が「核態勢見直し」(NPR)発表。非核保有国には原則として核攻撃しない方針	
2010・5	米ロが新STARTに署名。オバマ政権は核兵器の近代化計画を進める約束	NPT再検討会議で64項目の行動計画を含む最終文書を採択
2011・3	米韓が拡大抑止政策委員会開始	東京電力福島第一原発事故
2013・6	オバマ大統領がベルリン演説。国防総省が核運用戦略報告公表	
2014・12		ウィーンでの「核兵器の人道的影響に関す

核をめぐる世界の動き関連年表

		る国際会議」に米英が初参加
2015・5		NPT再検討会議で最終文書を採択できず。「中東非核地帯構想」めぐり決裂
2015・7		イラン核合意　米英仏中ロ独とイランが結んだ
2016・5	オバマ大統領が広島訪問	
2017・7		核兵器禁止条約が国連で採択。核保有国や「核の傘」国の多くは不参加
2017・12		核兵器廃絶国際キャンペーン（ICAN）がノーベル平和賞を受賞
2018・2	トランプ政権がNPR発表。低出力核兵器の開発を明記	
2018・4		中国が中距離弾道ミサイルDF26を実戦配備
2018・12		ロシアが極超音速ミサイル「アバンガルド」を19年に実戦配備すると発表
2019・8	トランプ政権がINF条約からの離脱を決	

	め、条約失効	
2019・11		ローマ教皇が長崎、広島を訪問
2021・1	バイデン政権が発足。ロシアとの新STARTが5年延長決定	核兵器禁止条約が発効
2021・8	全米市長会議が、米政府に核禁条約を歓迎し、核廃絶に向けた即時行動を求める決議を採択	
2021・12	ニューヨーク市議会が、米政府に核禁条約への支持と参加を求める決議を採択	
2022・1	核保有国の米英仏中ロ5カ国が「核戦争に勝者はない」との共同声明発表	
2022・2		ロシアがウクライナに軍事侵攻。プーチン大統領が核兵器使用を示唆
2022・4		ロシアが新型の大陸間弾道ミサイル（ICBM）「サルマト」の発射実験
2022・6		核兵器禁止条約の第1回締約国会議がウィーンで開催され、政治宣言や行動計画を採

		択
2022・8		NPT再検討会議で最終文書を採択できず。ロシアがウクライナ侵攻に関する記述に反対し、2回連続決裂
2022・10	バイデン政権がNPR発表。核抑止力を「最優先任務」とし、日本など同盟国への「核の傘」を強化するとした。	

注

第 1 章

(1) Senator Jon Testor's press release (Feb. 13, 2012)
https://www.tester.senate.gov/?p=press_release&id=1697

(2) Union of Concerned Scientists "Rethinking Land-Based Nuclear Missiles" (June 2020)
https://www.ucsusa.org/sites/default/files/2020-06/rethinking-land-based-nuclear-missiles.pdf

第 2 章

(1) https://www.af.mil/About-Us/Fact-Sheets/Display/Article/104465/b-52h-stratofortress/

(2) https://www.afgsc.af.mil/About/Fact-Sheets/Display/Article/630716/b-52-stratofortress/

(3) Hans M. Kristensen and Matt Korda "United States Nuclear Forces, 2020", Bulletin of the Atomic Scientists, 76(1)
https://www.tandfonline.com/doi/full/10.1080/00963402.2019.1701286

(4) https://digital.asahi.com/articles/DA3S13700543.html

(5) https://digital.asahi.com/articles/ASN5G32P0N55UHBI00K.html
(米ランド研究所のジェフリー・ホーナン研究員の分析)

(6) 山下明博(安田女子大学，広島大学平和科学研究センター客員研究員)「核兵器の運搬手段としての戦略爆撃機の役割」『広島平和科学』(2017 年 3 月，38 巻)
https://ir.lib.hiroshima-u.ac.jp/files/public/4/42941/20170511110655313513/hps_38_41.pdf

(7) U.S. Department of Defense "Narrative Summaries of Accidents Involving U.S. nuclear Weapons 1950-1980"
https://www.hsdl.org/?abstract&did=26994

(8) 『朝日新聞』「ブロークンアロー　核事故を追う　水爆落下事故，

あわや」(2016 年 2 月 5 日朝刊西部本社版)
(9) 『朝日新聞』「水爆落下の村，戸惑い　米軍機事故から 41 年，スペインで本格調査」(2007 年 8 月 23 日朝刊)
(10) 『朝日新聞』「放射能汚染の除染，世界に先例　国際シンポジウム」(2011 年 10 月 27 日朝刊)

第 3 章

(1) https://www.csp.navy.mil/SUBPAC-Commands/Submarines/Ballistic-Missile-Submarines/
(2) https://www.csp.navy.mil/About-SUBPAC/subpac-history/
(3) 長崎大学核兵器廃絶研究センター「米国の核戦力一覧」
https://www.recna.nagasaki-u.ac.jp/recna/nuclear1/nuclear_list_bn/test/usa201408
(4) Congressional Research Service "U.S. Strategic Nuclear Forces: Background, Developments, and Issues" Updated Dec. 14, 2021
https://sgp.fas.org/crs/nuke/RL33640.pdf
(5) 長崎大学核兵器廃絶研究センター「米国の核戦力一覧」
https://www.recna.nagasaki-u.ac.jp/recna/nuclear1/nuclear_list_202106/usa202106
(6) Congressional Research Service "U.S. Strategic Nuclear Forces: Background, Developments, and Issues" Updated Dec. 14, 2021
https://sgp.fas.org/crs/nuke/RL33640.pdf
(7) ibid.
(8) Josh Farley "Kitsap's nuclear legacy: county has grown under its protectors and protesters", Kitsap Sun, August 6 2020
https://www.kitsapsun.com/story/news/2020/08/05/kitsaps-nuclear-legacy-has-protectors-protestors/5502825002/
(9) ibid.

第 4 章

(1) 『朝日新聞』「北朝鮮の核めぐり，机上演習実施へ　米韓，年内にも」(2011 年 4 月 2 日朝刊)
(2) 太田昌克「『日米核同盟化』の進展とその含意」『核と国際政治』

（2021 年 5 月，『国際政治』203 号）

第 5 章

(1) 長崎大学核兵器廃絶研究センター「米国の核戦力一覧」
https://www.recna.nagasaki-u.ac.jp/recna/nuclear1/nuclear_list_bn/nuclear_list_201706/usa201706

(2) Theresa Hitchens "First 2020 Minuteman III Test Launches As New START Countdown Begins", Breaking Defense, Feb. 5, 2020
https://breakingdefense.com/2020/02/first-2020-minuteman-iii-test-launches-as-new-start-countdown-begins/

(3)『朝日新聞』社説「米の安保戦略　『力の平和』の危うさ」(2017 年 12 月 20 日朝刊)

第 6 章

(1) 西田充「米バイデン新政権の核政策」『核兵器禁止条約発効：新たな核軍縮を目指して　RECNA Policy Paper』(2021 年 1 月)
https://www.recna.nagasaki-u.ac.jp/recna/bd/files/REC-PP-12.pdf

(2) Council for a Livable World による大統領選候補者へのアンケート結果から
https://livableworld.org/presidential-candidates-joe-biden/

(3) Joe Gould "Biden hit with backlash over removal of Pentagon's top nuclear policy official", Defense News, Sep. 28, 2021
https://www.defensenews.com/congress/2021/09/27/biden-hit-with-backlash-over-removal-of-pentagons-top-nuclear-policy-official/

(4) プリンストン大の報告 "PLAN A"
https://sgs.princeton.edu/the-lab/plan-a

(5) "Projected Costs of U.S. Nuclear Forces, 2021 to 2030", Congressional Budget Office, May 24, 2021
https://www.cbo.gov/publication/57240

(6) Hans Kristensen and Matt Korda "The 2022 Nuclear Posture Review: Arms Control Subdued By Military Rivalry", Federation of American Scientists, Oct. 27, 2022

https://fas.org/blogs/security/2022/10/2022-nuclear-posture-review/

第 7 章

(1)『朝日新聞』(広島・長崎・核)「冷戦，隠された核汚染　戦後 70 年・第 5 部」(2015 年 7 月 28 日朝刊)

(2)『朝日新聞』「米国内のヒバク，伝えたい　博物館建設めざし NPO」(2015 年 12 月 7 日夕刊)

(3) Reuters Graphics “A tally of nuclear tests”, Sep. 22, 2017
http://fingfx.thomsonreuters.com/gfx/rngs/NORTHKOREA-MISSILES/010050Y324P/index.html

(4) 田井中雅人『核に縛られる日本』角川新書(2017 年)

(5) 宮本ゆき『なぜ原爆が悪ではないのか――アメリカの核意識』岩波書店(2020 年)

(6) レスリー・M・M・ブルーム，髙山祥子訳『ヒロシマを暴いた男　米国人ジャーナリスト，国家権力への挑戦』集英社(2021 年)

渡辺 丘

朝日新聞記者．2003年入社．東京本社社会部（警視庁公安・警備部，防衛省担当），国際報道部（外務省担当）などを経て，15年1月から19年3月までエルサレム支局長．19年4月から21年3月まで，アメリカ総局員（ワシントン）として米外交・安全保障を担当．21年4月から広島総局次長．12〜13年，アメリカ留学（ハーバード大学日米関係プログラム研究員）．単著に『パレスチナを生きる』（朝日新聞出版），共著に『非情世界　恐るべき情報戦争の裏側』（同）がある．

ルポ アメリカの核戦力　岩波新書（新赤版）1952
―「核なき世界」はなぜ実現しないのか

2022年12月20日　第1刷発行

著　者　渡《わた》辺《なべ》 丘《たかし》

発行者　坂本政謙

発行所　株式会社 岩波書店
〒101-8002 東京都千代田区一ツ橋2-5-5
案内 03-5210-4000　営業部 03-5210-4111
https://www.iwanami.co.jp/

新書編集部 03-5210-4054
https://www.iwanami.co.jp/sin/

印刷製本・法令印刷　カバー・半七印刷

ISBN 978-4-00-431952-8　Printed in Japan

岩波新書新赤版一〇〇〇点に際して

ひとつの時代が終わったと言われて久しい。だが、その先にいかなる時代を展望するのか、私たちはその輪郭すら描きえていない。二〇世紀から持ち越した課題の多くは、未だ解決の緒を見つけることのできないままであり、二一世紀が新たに招きよせた問題も少なくない。グローバル資本主義の浸透、憎悪の連鎖、暴力の応酬——世界は混沌として深い不安の只中にある。

現代社会においては変化が常態となり、速さと新しさに絶対的な価値が与えられた。消費社会の深化と情報技術の革命は、種々の境界を無くし、人々の生活やコミュニケーションの様式を根底から変容させてきた。ライフスタイルは多様化し、一面では個人の生き方をそれぞれが選びとる時代が始まっている。同時に、新たな格差が生まれ、様々な次元での亀裂や分断が深まっている。社会や歴史に対する意識が揺らぎ、普遍的な理念に対する根本的な懐疑や、現実を変えることへの無力感がひそかに根を張りつつある。そして生きることに誰もが困難を覚える時代が到来している。

しかし、日常生活のそれぞれの場で、自由と民主主義を獲得し実践することを通じて、私たち自身がそうした閉塞を乗り超え、希望の時代の幕開けを告げてゆくことは不可能ではあるまい。そのために、いま求められていること——それは、個と個の間で開かれた対話を積み重ねながら、人間らしく生きることの条件について一人ひとりが粘り強く思考することではないか。その営みの糧となるものが、教養に外ならないと私たちは考える。歴史とは何か、よく生きるとはいかなることか、世界そして人間はどこへ向かうべきなのか——こうした根源的な問いとの格闘が、文化と知の厚みを作り出し、個人と社会を支える基盤としての教養となった。まさにそのような教養への道案内こそ、岩波新書が創刊以来、追求してきたことである。

岩波新書は、日中戦争下の一九三八年一一月に赤版として創刊された。創刊の辞は、道義の精神に則らない日本の行動を憂慮し、批判的精神と良心的行動の欠如を戒めつつ、現代人の現代的教養を刊行の目的とする、と謳っている。以後、青版、黄版、新赤版と装いを改めながら、合計二五〇〇点余りを世に問うてきた。そして、いままた新赤版が一〇〇〇点を迎えたのを機に、人間の理性と良心への信頼を再確認し、それに裏打ちされた文化を培っていく決意を込めて、新しい装丁のもとに再出発したいと思う。一冊一冊から吹き出す新風が一人でも多くの読者の許に届くこと、そして希望ある時代への想像力を豊かにかき立てることを切に願う。

（二〇〇六年四月）